Gießener Land
– kulinarisch –

Andreas Buß

ISBN 978-3-86037-625-6

1. Auflage

©2016 Edition Limosa GmbH
Lüchower Straße 13a, 29459 Clenze
Telefon (0 58 44) 971 16-10, Telefax (0 58 44) 971 16-39
mail@limosa.de, www.limosa.de

Redaktion:
Andreas Buß

Lektorat:
Ulrike Kauber

Satz und Layout:
Zdenko Baticeli, Lena Hermann

Unter Mitarbeit von:
Karin Monneweg

Gedruckt in Deutschland

Alle in diesem Buch enthaltenen Angaben, Ergebnisse usw. wurden von den Autoren nach bestem Wissen erstellt und von ihnen sowie dem Verlag mit größtmöglicher Sorgfalt überprüft. Dennoch sind Fehler nicht völlig auszuschließen. Daher erfolgen alle Angaben usw. ohne jegliche Garantie des Verlages oder der Autoren. Wir übernehmen deshalb keinerlei Verantwortung und Haftung für etwa vorhandene inhaltliche Unrichtigkeiten.

Das Werk einschließlich aller seiner Teile ist urheberrechtlich geschützt.
Jede Verwertung außerhalb der engen Grenzen des Urheberrechtsgesetzes ist ohne Zustimmung des Verlages unzulässig und strafbar. Das gilt insbesondere für Vervielfältigungen, Übersetzungen, Mikroverfilmungen sowie die Einspeicherung und Verarbeitung in elektronischen Systemen.

Andreas Buß

Gießener Land
kulinarisch

Geschichten und Erzählungen

Ein kleiner Aperitif: über unsere Region 9
Von »Ahle Wurscht« bis »Zwiwwelnbroi« 10
Die manische Sprache 17
Berühmte Persönlichkeiten 42
Brauchtümer der Burschenschaften 52
Handkäs' met Musik 64
Die Kapaune – 15 kastrierte Masthähne? 78
Der Stoamorker Bellschou 92
Die Hausschlachtung – oder: »Hackfleisch ess' ich gern!« 108
Justus Liebig, sein Leben und Schaffen – nicht immer leichte Kost 122
Echte Gießener Schlammbeiser 132
Der Apfel – eine (mittel)hessische Liebeserklärung 140
Blick über den Tellerrand – ein Digestif 150
Kuriositäten 160
Kuhfladen aus dem Backhaus –
von der Tradition des Floarekuchebackens 168

Quellgarten an der Landesgartenschau Gießen 2014

Inhaltsverzeichnis

Der Autor 6
Grußwort Landrätin... 7
Grußwort Oberbürgermeisterin 8

Grundrezepte
   – für Brühen 14
   – für Nudeln oder Maultaschen 20
Vorspeisen und Salate 22
Suppen und Eintöpfe 40
Beilagen 50
Handgreiflichkeiten – Fingerfood 62
Fischgerichte 74
Fleischgerichte
   – mit Schwein.. 84
   – mit Rind, Kalb oder Geflügel 98
   – mit Lamm oder Wild 110
Vegetarische Hauptgerichte.. 118
Zum Streichen und Tunken – Pesto, Chutneys, Saucen und mehr 130
Desserts 144
Back- und Naschwerk 158

Begriffserläuterungen... 170
Maße und Gewichte 171
Abkürzungen 171
Rezeptregister nach Kapiteln 172
Mein Dankeschön 175
Bildquellennachweis 176

*Wenn nicht anders vermerkt,
sind alle Rezepte für vier Personen ausgelegt.*

»Alle Dinge werden zu einer Quelle der Lust, wenn man sie liebt.« (Thomas von Aquin)

Der Autor

1967 wurde Andreas Buß in Gießen als waschechter »Schlammbeiser« geboren. Als Spross einer der ältesten Wirtsfamilien Hessens stand offenbar schon früh fest, wie sich die Weichen des Lebens stellen würden. Denn schon im 15. Jahrhundert zahlten seine Vorfahren in Marburg Biersteuer und betrieben um 1727 in (Pohlheim-Watzenborn)-Steinberg eine Postkutschenstation. Aus dieser wurde später der »Cronenwirt«, Vorgänger des elterlichen Betriebs »Zur Krone«.
Nach der Schulausbildung absolvierte Andreas Buß unter Küchenmeister Josef Steinbach eine Kochlehre im Hotel »Steinsgarten« in Gießen, in deren Verlauf er einige Wettbewerbe für sich entschied. Die Titel Kreisjugend-, Bezirksjugend- und Mittelhessenmeister konnte er erringen und wurde Zweiter der hessischen Köche im Jahr 1986. Nach den obligatorischen Wanderjahren in verschiedenen Betrieben bestand er 1991 die Ausbildereignungsprüfung und schloss 1996 als Jahrgangsbester das Studium der Hotelbetriebswirtschaft ab.
Ausgestattet mit diesem Rüstzeug stieg er anschließend in den elterlichen Betrieb ein und führte diesen bis zur seiner Schließung im Jahr 2006. Zwischenzeitlich legte er das zweite Staatsexamen für berufliche Schulen ab und unterrichtet seit dem Jahr 2002 als Fachlehrer für angehende Köche, Bäcker, Betriebswirte usw. an der Hotelfachschule in Marburg.
Neben seiner dienstlichen Aufgabe, den beruflichen Nachwuchs zu fördern und entsprechend zu prägen, engagiert er sich ehrenamtlich als 1. Vorsitzender der Vereinigung der Köche Marburgs e.V., als »Kinderkochbotschafter« und ist als Vorsitzender des Fachausschusses Medien, Kommunikation und Marketing zudem Bundesvorstand des etwa 12 000 Köche umfassenden Verbandes der Köche Deutschlands e.V. (VKD.com).
Gleichzeitig fungiert Andreas Buß als Juror bei verschiedenen Kochwettkämpfen, als Fachbuchgutachter und Prüfer bei Abschlussprüfungen der IHK und der Handwerkskammer. Als gefragter Experte für EDV, Controlling und Projektmanagement unterstützt er seine Frau Julia Pantano-Buß maßgeblich bei der Führung der eigenen Unternehmensberatung und des Cateringunternehmens »GUSTO.cc«.

»Mein größtes Anliegen ist, den Menschen zu zeigen, wie faszinierend es sein kann, mit frischen guten Produkten und der Liebe zum Detail ein kleines Kunstwerk für die Sinne zu erschaffen.«

Grußwort

Liebe Freunde des Gießener Landes
und seiner Küche,

unser Landkreis Gießen ist eine liebens- und lebenswerte Region, die alles bietet, was man für ein erfülltes Leben und auch für ein gutes Essen benötigt. Das Land zwischen Gießener Becken, Wetterau und Vogelsberg bietet fruchtbare Böden, auf denen allerlei Gesundes und Leckeres gedeiht. Landwirte und Hobby-Bauern erzeugen in unserer Region gesunde Lebensmittel und diverse Produkte, die seit jeher die regionale Küche prägen.

In der vorliegenden Rezeptsammlung finden Sie deswegen Besonderheiten wie Lahnhecht, Hungener Lammkeule und allerlei vom Apfel. Denn während die Schäferei seit Generationen charakteristisch für die Wetterauer Hutungen im Süden des Landkreises ist, finden wir auch heute noch allerorts zwischen den Ortschaften die typischen Streuobstwiesen, die die Landschaft und Natur prägen. Kein Wunder also, dass in vielen der Rezepte, die Andreas Buß zusammengetragen hat, Äpfel oder Apfelwein als Zutaten aufgeführt sind.

Dennoch fällt beim Blättern auf, wie breit das kulinarische Angebot ist. Für jeden Geschmack bietet die heimische Küche etwas an. Dass wir derzeit eine Rückbesinnung auf traditionelle Gerichte aus der Heimat wahrnehmen können, begrüße ich sehr. Das Kochbuch liegt daher voll im Trend und greift die Vorliebe für regionaltypische Speisen sowie regionale Produkte auf. Sollten Sie beim Einkaufen auf direktvermarktende Betriebe oder kurze Transportwege setzen, empfehle ich Ihnen den Einkaufsratgeber »Gutes aus der Region«, den Sie beim Landkreis Gießen kostenlos beziehen können. Er listet Tipps und Ansprechpartner für einen regionalen Einkauf auf.

Ich wünsche Ihnen viel Freude und Inspiration beim Lesen, ebenso beim Zubereiten, Kochen und Genießen Ihres regionalen Mahls. Schmecken Sie die fruchtbare Erde des Landkreises Gießen und lassen Sie sich seine kulinarischen Schätze auf der Zunge zergehen. Guten Appetit!

Anita Schneider
Landrätin Landkreis Gießen

Grußwort

Liebe Leserinnen und Leser,

Heimatliebe geht durch den Magen ... und wenn Liebe sprichwörtlich durch den Magen geht, dann muss das für die Heimatliebe erst recht gelten. Unsere Erinnerungen an den Geschmack und an die Düfte aus Mutters und Großmutters Küchen prägen unser Heimatgefühl ebenso, wie es die Landschaft um uns herum tut mit ihren Orten und Wegen, ihren Hügeln, Wäldern, Wiesen, Bächen, Flüssen und Seen.

Das Kochbuch Gießener Land lädt dazu ein, der Heimatliebe zu frönen, die durch den Magen geht. Rund 130 Rezepte der traditionellen und regionalen Küche des Gießener Landes wurden dafür recherchiert, »ausgegraben« und zusammengetragen. Gleichzeitig ist es eine Einladung, das Gießener Land mit all seinen Sehenswürdigkeiten als das wahrzunehmen, was es ist: eine schöne, liebens- und lebenswerte, eine besuchenswerte Region.

Das Buch lädt ein, wieder zu entdecken, was gut ist, was gut tut, und was so nah liegt. Es ist aus der Region für die Region gemacht, es wirbt für regionale Produkte und für unsere heimische Wirtschaft. Aber nicht mit erhobenem Finger, sondern mit viel Charme und vergnüglichem Lesestoff über Gießen und das Gießener Land.

Ich danke Andreas Buß und seinen vielen Unterstützern für diese wertvolle Rezeptsammlung. Ihrem »kulinarischen Sehenswürdigkeiten-Führer« durch das Gießener Land wünsche ich den verdienten Zuspruch.

Und mein persönlicher Tipp für alle, die dem Plädoyer für regionale Produkte folgen und eines der vielen traditionellen und regionalen Rezepte zubereiten wollen: Erledigen Sie das Einkaufen der Zutaten am besten auf dem Wochenmarkt in Gießen! Hier kommen mittwochs und samstags die ganze Region und alle Zutaten zusammen.

Ihre

Dietlind Grabe-Bolz
Oberbürgermeisterin der Universitätsstadt Gießen

Ein kleiner Aperitif: über unsere Region

Mitten in Hessen, rund 60 Kilometer nördlich des Rhein-Main-Gebietes mit Hessens größter Metropole Frankfurt, liegt der Landkreis Gießen mit seinen 18 Städten und Gemeinden, zu denen Allendorf (Lumda), Biebertal, Buseck, Fernwald, Grünberg, Heuchelheim, Hungen, Langgöns, Laubach, Lich, Linden, Lollar, Pohlheim, Rabenau, Reiskirchen, Staufenberg, Wettenberg und die Universitätsstadt Gießen gehören. Zusammengezählt haben sich hier rund 260 000 Menschen an der idyllischen Lahn und ihren Ufern niedergelassen.

In dieser wunderschönen Region zwischen Gladenbacher Bergland, Wetterau und Taunus findet man malerische Landstriche und Seen, erstaunliche Naturdenkmäler, prächtige Schlösser, Burgen, Klöster, Kirchen und eindrucksvolle Ruinen. Die vielfältige, waldreiche und reizvolle Mittelgebirgslandschaft des Gießener Umlandes verbindet das Lahntal im Osten mit dem Vogelsberg im Westen und bietet eine eindrucksvolle Umgebung für allerlei Aktivitäten und Ausflüge. Folgen Sie den Spuren der Römer am Grenzwall »Limes«, der auf etwa 25 Kilometern mit 26 Turmstellen und acht Kastellen durch das Gießener Land verläuft, bestaunen Sie dazu viele historische Gedenktafeln und Ausgrabungen und spielen Sie Wachsoldat auf einem nachgebildeten Wachturm mit Wall, Graben und Palisadenzaun, zwischen Pohlheim-Grüningen und Watzenborn-Steinberg.

Tauchen Sie im »Grünen Meer« ein in einen schier endlosen »Entdeckungswald«, starten Sie Ihre persönliche Radtour, erwandern Sie die Landschaft auf Schusters Rappen oder vergessen Sie den Alltag und lassen Sie sich im Kanu auf der seicht dahin plätschernden Lahn mit ihren vielen Mühlen einfach nur treiben und zum Träumen inspirieren. Der Reiz der vielen Gegensätze zwischen Land und Leuten, Fachwerk und Modernismus, Tradition und Innovation, Geschichte und Gegenwart wird Sie faszinieren. Enträtseln Sie zusammen mit Ihrer Familie die Geheimnisse von Deutschlands ältestem Botanischen Garten, des berühmten Mathematikums oder des lustigen ureigenen Dialektes. Finden Sie heraus, was ein »Schlammbeiser« ist, worum es sich beim »Elefantenklo« handelt und warum das »Hoinkdippe« keinen Honig enthält.

Folgen Sie den Spuren von Justus Liebig, Wilhelm Conrad Röntgen oder berühmter Persönlichkeiten unserer Zeit, wie zum Beispiel Ministerpräsident Volker Bouffier oder Sternekoch Vincent Klink. Es gibt viele gute Gründe das Gießener Umland auch als Urlaubs-, Ausflugs- und Freizeitregion zu erleben.

Hessenmädchen in Tracht

Von »Ahle Wurscht« bis »Zwiwwelnbroi«...

Aperitif von Dr. Claudia Wendt (Ernährungswissenschaftlerin) und Andreas Buß

Das Gießener Umland hat weit mehr zu bieten, als man auf den ersten Blick vielleicht glaubt. Inmitten von Römern, Kelten und Chatten, eingebettet zwischen den fruchtbaren Feuchtgebieten des Lahntales, dem geschichtsträchtigen römisch-germanischen Grenzwall »Limes« und den heißen Lavaquellen von Europas größtem Vulkangebiet, dem »Vogelsberg«, hat vor allem der Einfallsreichtum der Bevölkerung über die vergangenen Jahrhunderte bis zur Gegenwart aus der kargen Auswahl der Produkte eine traditionelle und regionale Küche entwickelt, die sich vor bekannteren Gegenden nicht zu verstecken braucht.

Dabei war die Ernährung zur Zeit der Kelten in Waldgirmes oder am Dünsberg (je nach Sichtweise etwa ab dem 6. bis 3. Jahrhundert v.Chr.) bis zu den Chatten (um etwa 85 n.Chr.) rund um den Limes eher von Ackerbau und Viehzucht geprägt. Erst mit den Römern eingebrachte neue Anbautechniken und die über die römischen Versorgungswege eingeführten »Exoten«, wie beispielsweise Äpfel, Nüsse, Salat und Hülsenfrüchte, sorgten für Abwechslung auf dem Speiseplan und bildeten die Grundlage für viele spätere Kreationen, wie beispielsweise den Apfelwein.

Limes Wachposten mit Palisadenzaun – zwischen Pohlheim-Grüningen und Steinberg

Mittelaltermarkt auf dem Schiffenberg

Doch auch im folgenden Mittelalter hatte die Ernährung einen ganz anderen Charakter als heute. Damals war der »Frühhesse« froh, wenn überhaupt ausreichend Essen zur Verfügung stand. Dem Genuss widmete sich die Bevölkerung hingegen – abgesehen von den feudalen Herrschern – kaum. Man war extrem abhängig von der Jahreszeit, dem Wetter, dem Ertrag der Ernte und den regional begrenzten Angeboten. Die karge Auswahl an Produkten führte oftmals dazu, dass viele Gerichte aus der Not geboren wurden, aber sich dennoch bis heute als kulinarische Schmankerl traditionell etabliert haben.

Wie im ganzen Land, so auch im Raum Gießen, damals noch »ze den giezzen« genannt, entwickelten sich im Laufe der Jahrhunderte hauptsächlich Gerichte mit Äpfeln, Wildbeeren, Hülsenfrüchten, Pilzen sowie Wurzel- und Rübengemüse. Eben mit dem, was zur Verfügung stand. Aber auch Käse wurde hergestellt und weitere verschiedene Getreidearten kultiviert. Als Fleischlieferant dienten vorwiegend die üblichen Zuchtvieharten, soweit sie nicht für die Milchgewinnung von Bedeutung waren. Erst mit Grundlage des Marktrechtes ab dem Jahr 1442 und dem damit verbundenen Handel, der Einführung der Kartoffel ab etwa Mitte des 17. Jahrhunderts sowie dem Zugang zu Gewürzen und Kräutern, entfalteten sich die ersten wirklichen Rezepturen, die sich immer wieder den Lebensumständen der Gießener Schlammbeiser angepasst und teils bis heute erhalten haben.

Unsere Region

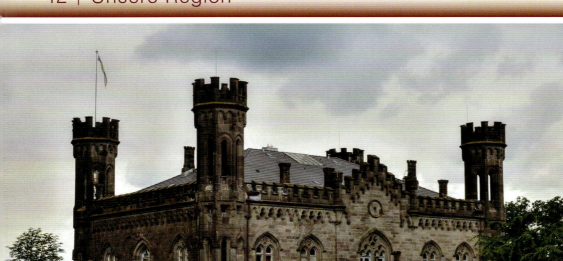

Schloss Friedelhausen liegt abseits im Wald bei Lollar-Odenhausen und ist noch bewohnt.

Ein besonderer Faktor in der Veränderung der Gerichte war der Einfluss der »Einwanderungsküchen« ab den 1950er Jahren. Brachten zunächst hauptsächlich italienische, griechische und asiatische Gastarbeiter neue Essgewohnheiten und unbekannte Produkte in die hiesige Küche ein, waren es in den letzten Jahrzehnten überwiegend türkische, amerikanische und afrikanische Eindrücke, die die Speisekarten bereicherten. Aber auch die zunehmende Reisetätigkeit der Menschen und das Kennenlernen fremder Kulturen und Küchen veränderten die Rezepturen und Herstellungsweisen gemächlich, aber stetig. Im Zuge der Internationalisierung sind wir heute gewohnt, zu jeder Zeit jedes Lebensmittel aus aller Welt zur Verfügung zu haben.
Seit einigen Jahren erlebt unsere globalisierte Welt im Rahmen sogenannter Trends, wie »Molekularküche«, »Ethno-Food«, »Street-Food«, »Palio-Food« u.v.m. eine stakkatoartige Evolution der gesamten Ernährungskultur, die auch vor traditionellen Küchen nicht halt macht. Und so ist es leicht vorhersehbar, dass das veränderte Verbraucherbewusstsein und die regelrechte Explosion an neuen, für uns entdeckten und importierten Küchenrevolutionen, Produkten und Zutaten rund um den Erdball für ein wahres Variationsfeuerwerk der althergebrachten Gerichte sorgt und noch lange sorgen wird.

Das Schöne an dieser Vielfalt ist, dass sich dem Koch oder auch Hobbykoch mit diesen scheinbar endlosen »neuen« Schöpfungs- und Entfaltungsmöglichkeiten nahezu unbegrenzte Werkzeuge der Kreativität und Fantasie bieten, wie er nur Künstlern vorbehalten scheint.
Gleichzeitig findet in Zeiten des Überdrusses und der Massenproduktion zur Freude vieler überzeugter Protagonisten aber auch eine Rückbesinnung auf die Wurzeln der Kochkunst, auf das »ehrliche und natürliche Handwerk«, statt. Einfache Gerichte und Produkte von hoher Qualität stehen heute immer deutlicher im Fokus als die Billigware aus den Fabriken. Bewegungen wie beispielsweise Slow-Food oder die enorme Entwicklung des Bio-Sektors, vor Jahren von der Industrie noch müde belächelt, scheinen langfristig die »Winner« in der Verbrauchergunst zu sein. Und das ist gut so. In diesem Buch finden Sie deshalb ausgewählte Rezepte, die den Schwerpunkt auf die regionalen Gerichte legen, aber die Vielfältigkeit der weltweiten Einflüsse nicht außen vor lassen. Alte heimische Grundrezepte, neu interpretiert, an unsere heutigen Erwartungen angepasst und mit vielerlei Variationsmöglichkeiten ausgestattet, treten so wieder in den Mittelpunkt einer neuen frischen und selbstbewussten Küchenidentität im Gießener Land.

»Es kimmt wäies kimmt und wenn's anners kimmt, kimmts aach.« (Karl-Ernst Pulkert)

Auf Burg Gleiberg, mit Aussicht Richtung Vetzberg

Brühen

Die nachfolgenden Gemüse-, Fleisch-, Geflügel- oder Fischgrundbrühen können genauso mit anderen Geschmacksrichtungen hergestellt werden. Zum Beispiel wird mit Wildfleisch oder Wildknochen eine Wildgrundbrühe daraus zur Verwendung in Wildgerichten.
Lassen Sie die hergestellte Grundbrühe oder Grundsauce auf geringer Hitze langsam einreduzieren, Sie erhalten dann ein Konzentrat, das Sie perfekt als eigenen Brüh- oder Saucenwürfel verwenden können. Optimal eignen sich dazu kleine Eiswürfelformen oder sogenannte »Twist-off-Gläser«, die zum Einmachen verwendet werden. Die Flüssigkeit noch heiß in das Glas einfüllen und umgedreht auf dem Kopf stehend auskühlen lassen. Das hält im Kühlschrank etwa 3 bis 4 Wochen. Die Gläser und Deckel vorher perfekt säubern und im Backofen bei 130 °C rund 15 Minuten zusammen mit den Deckeln erhitzen um sie von Bakterien zu befreien.

Vegetarische Gemüsebrühe (für ca. 1,5 Liter)

Sie dient den Köchen als Grundbrühe.
Man kann sie aber auch als vegetarische Suppe servieren.

> Man kann die Gemüsebrühe auch einfach aus anfallenden Resten wie Schalen, Abschnitten oder Stängeln herstellen. Nahezu alle Gemüsearten, Pilze und Kräuter sind dafür geeignet. Erlaubt ist, was schmeckt. Natürlich müssen die Reste auch besonders gut gewaschen werden und dürfen keine faulen Stellen aufweisen.

250 g Karotten	
250 g Knollensellerie	
250 g Lauch	
250 g Pastinaken oder Petersilienwurzel	sowie
½ Fenchelknolle	waschen, putzen und grob schneiden. In einen Topf geben, mit etwa 2 Liter heißem Wasser bedecken und zum Kochen bringen. Zwischenzeitlich
2 ungeschälte Zwiebeln	halbieren und mit der Schnittfläche nach unten in einer Pfanne ohne Fett so stark anbraten, dass die Zwiebeln fast schwarz werden. Dann zur Suppe geben.
1 Knoblauchzehe	schälen und zerdrücken,
1 TL weiße Pfefferkörner	zerdrücken,
1 Tomate	waschen und halbieren. Alles zur Suppe geben. Nun noch
2 Lorbeerblätter	
1 Prise Salz	und
1 Bund Thymian	hinzufügen. Das Ganze etwa 45 Minuten bei niedriger Temperatur langsam köcheln lassen. Abschmecken, durch ein feines Sieb geben und je nach Geschmack die Flüssigkeit weiter reduzieren lassen, um eine intensivere Konzentration zu erhalten.

Fleisch- oder Knochenbrühe vom Rind (für ca. 2 Liter)

Sie dient den Köchen als Grundbrühe. Man kann sie aber auch einfach als gehaltvolle Bouillon servieren.

1 kg Tafelspitz vom Rind	in einen ausreichend großen Topf geben und
4 l kaltes Wasser (leicht gesalzen)	aufgießen, langsam zum Köcheln bringen. Bei kleiner Hitze etwa 2 bis 3 Stunden köcheln lassen. Auftretenden Schaum oder Fett während des gesamten Kochprozesses immer wieder mit einem Schaumlöffel abschöpfen und darauf achten, dass die Flüssigkeit nur leicht köchelt. Währenddessen
2 ungeschälte Zwiebeln	halbieren und mit der Schnittfläche nach unten in einer Pfanne ohne Fett so stark anbraten, dass die Zwiebeln fast schwarz werden. Dann zur Suppe geben.
300 g Knollensellerie	
300 g Karotten	
300 g Lauch	und
100 g Petersilienwurzel	waschen, putzen, in grobe Stücke schneiden und ebenfalls zufügen. Zwischenzeitlich verdampfendes Wasser immer wieder nachfüllen.
1 TL weiße Pfefferkörner	zerdrücken und
1 TL Wacholderbeeren	zerstoßen. Beides mit
1 Nelke	
1 Lorbeerblatt	und
2 Zweige Liebstöckel (Maggikraut)	zur Brühe geben (nachdem 2 bis 3 Stunden um sind) und weitere 60 Minuten köcheln lassen. Jetzt kein Wasser mehr nachfüllen. Die Brühe mit
Salz, Muskatnuss	abschmecken und durch ein feines Tuch seihen. Je nach Geschmack die Flüssigkeit weiter langsam einkochen lassen, um eine intensivere Konzentration zu erreichen.

> Bei der Verwendung von Tafelspitz diesen nach dem Garen entnehmen, in Scheiben schneiden und servieren oder das Fleisch als Suppeneinlage verwenden. Alternativ kann man auch 1,5 kg Rinder-Beinscheiben oder 2 kg klein gesägte Rinderknochen verwenden. Passende Einlagen finden Sie im Kapitel Suppen und Eintöpfe auf Seite 41.

Geflügelbrühe (für ca. 2 Liter)

Sie dient den Köchen als Grundbrühe. Man kann sie aber auch als gehaltvolle Geflügelbrühe servieren.

1 Suppenhuhn (oder 2 Hähnchen) küchenfertig	unter kaltem Wasser gut abwaschen, in einen ausreichend großen Topf geben.
4 l kaltes Wasser (leicht gesalzen)	aufgießen und langsam zum Köcheln bringen. Bei kleiner Hitze etwa 1 bis 2 Stunden sieden lassen. Auftretenden Schaum oder Fett während des gesamten Kochprozesses immer wieder mit einem Schaumlöffel abschöpfen und darauf achten, dass die Flüssigkeit nur leicht köchelt. Währenddessen
2 ungeschälte Zwiebeln	halbieren und mit der Schnittfläche nach unten in einer Pfanne ohne Fett so stark anbräunen, dass die Zwiebeln fast schwarz werden. Dann zur Suppe geben.
300 g Knollensellerie	
300 g Karotten	
300 g Lauch	
100 g Petersilienwurzel	waschen, putzen und in grobe Stücke schneiden, ebenfalls zufügen. Zwischenzeitlich verdampfendes Wasser immer wieder nachfüllen.
1 TL weiße Pfefferkörner	zerdrücken und
1 TL Wacholderbeeren	zerstoßen. Beides mit
1 Nelke	
1 Lorbeerblatt	
1 Stängel Zitronengras	und
2 Zweige Koriander	zur Suppe geben (nachdem 2 bis 3 Stunden um sind) und weitere 60 Minuten köcheln lassen. Jetzt kein Wasser mehr nachfüllen. Die Brühe mit
Salz	
Ingwer (nach Geschmack)	abschmecken und durch ein feines Tuch seihen. Je nach Geschmack die Flüssigkeit weiter einkochen lassen, um eine intensivere Konzentration zu erreichen.

> Das Geflügelfleisch kann beispielsweise als Suppeneinlage oder für einen leckeren Geflügelsalat verwendet werden. Passende Einlagen für die Geflügelbrühe finden Sie im Kapitel Suppen und Eintöpfe auf Seite 41.

Grundrezepte für Brühen | 17

Geflügelbrühe

Die manische Sprache

Sie ist eine in Gießen etwa im 19. Jahrhundert entstandene »Geheimsprache« sozialer Randgruppen. Sie setzt sich zum größten Teil aus der Sprache der Schausteller, der Sinti- und Roma sowie Jiddisch zusammen. Verwendung fand sie hauptsächlich auf der »Gummiinsel«, der Margarethenhütte und auf dem Eulenkopf. Heute ist sie weitgehend vom Aussterben bedroht, wenngleich auch einige Begriffe Einzug in die hiesige Umgangssprache gefunden haben.

Manisch	Deutsch
Ballefusser	Friseur
buddlacken, kallen	essen
Chefmoss	beste, hübsche Frau
Dinnelo	Idiot
fussen	beeilen, rennen
Gardsch	Kerl
Gowegardsch	Witzbold
kadehlen, mockern	stinken
Kaff	Dorf
Kaschemme	Kneipe
Kluft	Kleidung
Latscho	geil, gut
Lowi oder Moos	Geld
Maloche	Arbeit
mangeln	ausleihen
Massel	Glück
Mossefogger	Frauenheld

Manisch	Deutsch
Moss oder Tschai	Frau
Muj	Mund
mulo	kaputt
Nabelo	Spinner
Nakevelo	Brille
pennen	schlafen
puggen	reden
raffen	kapieren
spannen	schauen
Stuss	Blödsinn
tigema	sieh mal
Tschabo	Kumpel
Tschero, Nischel	Kopf
tschü	nein
tschur'n	klauen
Velo	Fahrrad
Waste	Hände

Wettenberg, Burg Gleiberg

Fischfond/Fischgrundbrühe (für ca. 1,5 Liter)

Grundbrühe für perfekte Fischsaucen

2 kg Fischkarkassen (Grätenreste)	mit
5 Dillzweige	
200 ml Weißwein	
2 Lorbeerblätter	
1 TL weiße Pfefferkörner (zerdrückt)	
1 EL Noilly Prat (oder Martini bianco)	
2 l kaltes Wasser	und
1 Prise Salz	in einem passenden Topf zum Kochen bringen. Danach
1 Zwiebel	
½ Fenchelknolle	
1 Stange Sellerie	und
1 Karotte	waschen, putzen, grob schneiden und zum Fischfond geben. Das Ganze etwa 45 Minuten bei niedriger Temperatur langsam köcheln lassen. Durch ein Sieb geben und je nach Geschmack die Flüssigkeit weiter reduzieren lassen, um eine intensivere Konzentration zu erreichen.

Braune Grundsauce (Kalbsjus)

Ergibt etwa 1,5 Liter. Die Sauce dient als Grundlage zum Auffüllen/Abschmecken von braunen, gebundenen Saucen.

100 g Knollensellerie	
100 g Karotten	
100 g Zwiebeln	und
100 g Lauch	waschen, putzen und in grobe Würfel schneiden (=Röstgemüse). Zur Seite stellen.
50 g Butterschmalz	in einem breiten Topf erhitzen.
1 kg Kalbsknochen (notfalls Schweineknochen)	walnussgroß hacken (oder bereits gesägt beim Metzger vorbestellen) und rundum gleichmäßig anbraten. Das vorbereitete Röstgemüse zufügen und ebenfalls gleichmäßig anbraten.
2 EL Tomatenmark	zugeben und kurz mitrösten. Dabei bildet sich ein Bodensatz im Topf. Diesen mit der Hälfte von
300 ml Rotwein	ablöschen und dabei den Bodensatz vom Boden losschaben und wieder anbraten lassen. Dann mit den restlichen 150 ml Rotwein ablöschen. Dabei erneut den Bodensatz vom Boden lösen und wieder anbraten lassen. Eventuell ausgetretenes Fett jetzt abgießen.
1,5 l Wasser	auffüllen und leicht köcheln lassen. Dabei immer wieder abschäumen und abfetten. Verdunstetes Wasser ggfs. nachfüllen. Nach etwa 2 Stunden Kochzeit
10 Pfefferkörner	und
5 Wacholderbeeren	zerstoßen. Beides mit
1 Nelke	
2 Lorbeerblätter	
2 Knoblauchzehen	sowie etwas
Thymian (frisch)	zugeben und nochmals etwa 1 bis 2 Stunden langsam köcheln lassen. Kein Wasser mehr nachfüllen. Mit
Salz, Pfeffer (frisch gemahlen)	abschmecken. Durch ein feines Sieb geben und je nach Geschmack die Flüssigkeit weiter reduzieren lassen, um eine intensivere Konzentration zu erreichen.

Nudel- oder Maultaschenteig

Bei diesem Maultaschenteig handelt es sich um einen klassischen Nudelteig. Im Buch wird der Teig ein paar Mal benötigt. Wer die Arbeit scheut, kann diesen häufig auch im Handel kaufen. Selbst gemacht schmeckt er aber um Längen besser!

500 g Grano Duro Hartweizengrieß (Semola di Grano Duro Typo »00«) auf eine saubere Arbeitsfläche geben, eine Mulde bilden und

5 Eier (250 g, bitte wiegen und ggf. nur mit Eigelben ergänzen) sowie

5 EL Olivenöl in die Mulde geben. Das Ganze zu einem glatten, geschmeidigen Teig verkneten (entweder mit dem Knethaken der Küchenmaschine oder mit den Händen). Den Teig etwa 1 Stunde flach in Klarsichtfolie eingewickelt an einem warmen Platz ruhen lassen und dann richtig dünn auf einer bemehlten Fläche oder mit der Nudelmaschine ausrollen.

> Der Hartweizengrieß ist ein feiner italienischer Nudelgrieß, erhältlich in den meisten gut sortieren Supermärkten. Kein Salz in den Teig geben, sonst wird die Pasta oft brüchig. Aber dafür: Das Nudelwasser sehr gut salzen!

Bunte Ravioli mit selbst gemachten Farbpulvern

Grundrezepte für Nudeln oder Maultaschen | 21

Bunte Paprikaschoten sind auch zum Färben geeignet.

Herbststimmung mit Regenbogen

Auf der Landesgartenschau Gießen

Farbpulver zum Färben selbst herstellen

Wer seinen Nudelteig etwas farblich aufpeppen will oder bunte Farbverläufe herstellen möchte, kann dies am einfachsten mit Spinatpulver, Rote-Bete-Pulver, Tomatenpulver oder auch Karottenpulver usw. tun. Ein Beispiel zur Herstellung des Farbpulvers sehen Sie nachfolgend. Das entsprechende Farbpulver einfach mit dem Nudelmehl oder Grieß mischen. Flüssige Farben oder pürierte Lebensmittel, wie beispielsweise Tomatenmark, sind nicht so gut geeignet, weil sie die Teigkonsistenz verändern. Da muss man dann etwas experimentieren. Künstliche Lebensmittelfarben sind nicht geeignet und sehen zudem unnatürlich aus.

Rote-Bete-Pulver

200 g Rote Bete waschen, schälen und mit der Brotmaschine in hauchdünne Scheiben schneiden (dabei am besten Einmalhandschuhe tragen). Auf Backofen- oder Kuchengittern ausbreiten und im Backofen bei etwa 40 bis 50 °C trocknen. Die Scheiben dürfen nicht braun werden. In die Ofentür einen Kochlöffel klemmen, damit sie ein wenig geöffnet bleibt und Feuchtigkeit entweichen kann. Das dauert etwa 5 bis 6 Stunden. Im Sommer geht es auch in der Sonne oder am Fenster, oder aber im Winter an der Heizung, was deutlich länger dauert. Wenn die Rote Bete komplett trocken ist, kann sie mit einer Küchenmaschine oder mit dem Mixer fein gemahlen werden. In Tupperdosen bis zur Verwendung aufbewahren.

Ähnlich kann man auch mit Karotten, Kürbis oder Tiefkühl-Erbsen verfahren, sogar mit Tomaten ist es möglich. Bei Blattspinat, Basilikum oder Feldsalat zum Grünfärben, muss man die Blätter nach dem Putzen erst für einige Sekunden abkochen, bevor man sie trocknet und dann püriert.
Wer größere Mengen benötigt oder die Arbeit sparen möchte, erhält die vollkommen natürlich hergestellten Farben auch im Internet – zum Beispiel bei Tee-Meyer. Die Farben eignen sich auch um beispielsweise Knödel, Reis, Kuchen, Eis, Getränke oder Ähnliches zu färben.

Panna Cotta von Frankfurter Grüne Sauce mit Tafelspitz

250 g frische Kräuter für Frankfurter Grüne Sauce	auslesen, Stiele entfernen. Kräuter waschen, gut ausschleudern und fein hacken. Ein paar schöne Kerbelblättchen für die Dekoration aufheben.
250 ml Sahne	aufkochen und die gehackten Kräuter darin etwa 20 Minuten ziehen lassen.
5 Blatt Gelatine	in kaltem Wasser etwa 5 Minuten einweichen, gut ausdrücken und in der noch warmen Sahne auflösen. Mit
1 TL Dijonsenf	und dem Saft von
½ Zitrone	sowie
Zucker	
Salz, Pfeffer (frisch gemahlen)	abschmecken. Die Mischung in kleine Gläschen (zum Stürzen) füllen. Etwa 2 Stunden kalt stellen.
8 Scheiben kalter Tafelspitz (s. Rezept Seite 15 – Grundbrühe) oder kalter Braten oder Roastbeef-Aufschnitt	auf 4 Teller verteilen. Dann die Panna Cotta auf die Teller stürzen und mit dem Kerbel garnieren.
1 Ei	kochen, pellen, hacken und darüberstreuen.

> Der echte Hesse genießt dazu einen Apfelwein. Als Variation kann statt Grüner Sauce auch Basilikum für eine »Basilikum-Panna-Cotta« benutzt werden.

Rotkehlchen   Grünfink am Borretsch

Langgönser Ziegenfrischkäsecreme mit Feldsalat in Walnussvinaigrette

80 g Feldsalat	putzen, waschen und gut ausschleudern. Zur Seite stellen.
1 Blatt Gelatine	in kaltem Wasser etwa 5 Minuten einweichen, gut ausdrücken und in einem kleinen Töpfchen auf dem Herd langsam auflösen. Zur Seite stellen.

Frischkäsecreme

200 g Ziegenfrischkäse (z.B. von der Ziegen- und Schafzucht Steffens in Langgöns)	und
20 ml flüssige Sahne	mit dem Saft von
½ Zitrone	sowie etwas
Ingwer	
1 TL Lavendelhonig	
einige Rosmarinnadeln	und
Salz, Pfeffer (frisch gemahlen)	mit den Messern einer Küchenmaschine zu einer feinen Creme pürieren. Währenddessen die aufgelöste Gelatine in die Creme einlaufen lassen. Creme umfüllen und etwa 1 Stunde kalt stellen.

> Hierzu passen beispielsweise ein trockener, fruchtiger Silvaner, ein Weißburgunder oder eine Riesling Auslese.

Walnussvinaigrette

1 Ei	kochen und pellen. Das Ei mit
20 ml Apfelessig	
100 ml Walnussöl	
1 TL Zucker	
1 TL Dijonsenf	und
je 1 Prise Salz, Pfeffer	pürieren und abschmecken.
3 Stängel Schnittlauch	fein schneiden und mit
2 EL gehackte Walnüsse	zur Vinaigrette geben. Dann die erkaltete Creme nochmals durchrühren.
80 ml Sahne	steif schlagen und vorsichtig unter die Frischkäsecreme heben. Abschmecken und mit dem Spritzbeutel auf Teller dressieren. Den Feldsalat mit der Vinaigrette anmachen, abschmecken und auf den Tellern platzieren.
60 g Pistazienkerne	in einer Pfanne ohne Fett rösten und auf den Salat streuen.

Apfelwein-Verkostung

Gleiberg – Torbogen mit Blick auf den großen Feldberg / Taunus im Abendrot

Tiramisu vom Hüttenberger Handkäs' mit Pumpernickel

400 g Handkäse mit Kümmel	in feine Würfel schneiden und mit
2 EL Rapsöl	vermischen, damit er nicht mehr zusammenklebt.
4 Scheiben Pumpernickel	mit den Messern der Küchenmaschine fein zerbröseln. Dann mit
30 g Butter	in der Pfanne leicht anbraten. Zur Seite stellen.
120 g Schmand	in eine Schüssel geben.
1 kleine rote Zwiebel	in feine Würfel schneiden,
1 kleiner rotbackiger Apfel	entkernen und mit Schale fein würfeln.
1 Frühlingszwiebel	in feine Ringe schneiden. Alle Zutaten zum Schmand geben und mit
½ EL Dijonsenf	
Salz, Pfeffer (frisch gemahlen)	zu einer glatten Masse verrühren, abschmecken. Die Hälfte des angebratenen Pumpernickels auf vier Gläser verteilen und die Hälfte der Handkäsewürfel darüberstreuen. Leicht festdrücken und mit der Hälfte der Schmandcreme überziehen. Den Vorgang wiederholen.
1 Frühlingszwiebel	in feine Ringe schneiden und mit
1 EL Chilifäden	als Garnitur auf das Tiramisu geben.

Je nach Reifegrad des Käses eignen sich ein urtümlicher Apfelwein, ein Gewürztraminer oder auch ein Regent-Rotwein dazu, beispielsweise »Erste Geige« vom Weingut Geiger und Söhne.

Lachscarpaccio mit Bärlauchpesto und Forellenkaviar-Schmand

500 g Lachsfilet (grätenlos, ohne Haut, möglichst frisch)	von restlichen Gräten und Hautresten befreien und mit einem scharfen Messer entlang des dickeren Rückenstückes einschneiden (aber nicht durchschneiden). Dann schmetterlingsartig aufklappen, so dass eine zusammenhängende, etwa gleich dicke Filetoberfläche entsteht. Diese Oberfläche mit
Bärlauchpesto (Rezept S. 130)	gleichmäßig einstreichen und das Filet fest zusammenrollen. Zuerst in Klarsichtfolie, dann in Alufolie einwickeln. Dabei die überstehenden Enden der Folien wie ein Bonbon gegeneinander drehen, so dass das »Bonbon« fest und prall wird. Über Nacht einfrieren. Am nächsten Tag
200 g Schmand	in eine Schüssel geben.
2 Frühlingszwiebeln	waschen und in feine Ringe schneiden. Von
1 Zitrone	den Saft auspressen, alles miteinander verrühren und mit
Salz (grob), Pfeffer aus der Mühle	würzen. Das Fischfilet aus der Folie nehmen und gefroren mit der Aufschnittmaschine hauchdünn aufschneiden. Direkt auf 4 Tellern rund anrichten. Mit
grobes Salz, Pfeffer aus der Mühle	würzen. Jeweils den äußeren Lachsrand mit dem Schmand einrahmen und darauf
4 EL Forellenkaviar	gleichmäßig verteilen.
2 EL Kerbel	putzen, waschen,
12 Cocktailtomaten	halbieren und beides zusammen mit
einige Wildkräuterblätter	als Garnitur verwenden.

> Hier passt hervorragend ein Grauburgunder-Weißwein, beispielsweise der im Holzfass ausgebaute »Gris« vom Weingut Georg Breuer in Rüdesheim.

»Golden Oldies« – immer am letzten Wochenende im Juli

Mousse vom weißen und grünen Spargel im Rosmarinschinken-Mantel

	Eine Terrinenform (ca. 400 ml Inhalt) mit Klarsichtfolie auskleiden, dabei an den Seiten Folie überhängen lassen, damit später die Terrine bedeckt werden kann.
120 g Rosmarin-Kochschinken in Scheiben	leicht überlappend in die Form einlegen, auch hier den Schinken so überhängen lassen, dass es später zum Schließen der Terrine reicht. Kühl stellen.
150 g weißer Spargel (z.B. vom Wetterauer Früchtchen) 150 g grüner Spargel	waschen und sorgfältig schälen (den grünen Spargel nur im unteren Drittel schälen), die Enden dünn abschneiden. Alle Abschnitte und Schalen aufheben und daraus den Fond herstellen.

Fond

300 ml Wasser	mit
30 ml Weißwein	und dem Saft von
½ Zitrone	sowie
1 TL Zucker	
1 Prise Salz	und
50 g Butter	in einen Topf geben und die Spargelabschnitte und -schalen etwa 10 bis 15 Minuten darin kochen. Absieben und dann die ganzen Spargelstangen im Fond bissfest garen (nicht zu fest, sonst lässt sich die Terrine später nicht schneiden). Spargel entnehmen und sofort kalt stellen. Aus dem Spargelfond eine Spargelvelouté herstellen:

Stadttheater Gießen bei Nacht

T-Rex im Seltersweg Gießen

Vorspeisen und Salate | 27

Gießen in der Abenddämmerung

Spargelvelouté	
200 ml des Spargelfonds	abmessen und bereitstellen.
20 g Butter	im Topf langsam schmelzen,
20 g Mehl	einrühren und den Spargelfond unter Rühren langsam aufgießen. Die dickliche Sauce etwa 10 Minuten unter Rühren langsam köcheln lassen, dann zur Seite stellen.
75 ml Sahne	steif schlagen und kalt stellen.
7 Blatt Gelatine	in kaltem Wasser etwa 5 Minuten einweichen, gut ausdrücken und in der warmen Sauce auflösen. Dann im Eiswasserbad erkalten lassen. Wenn die Gelatine anfängt die Velouté zu binden, die geschlagene Sahne vorsichtig, aber zügig unterheben und mit
Salz, Pfeffer (frisch gemahlen)	
Zucker	
Balsamico-Essig (weiß)	nochmals nachschmecken. Die Masse abwechselnd mit dem Spargel in die Terrinenform schichten, Folie überschlagen, beschweren und über Nacht kühlen. Dann stürzen, schneiden und servieren.

Dazu passen ein kleiner Blattsalat und Walnusspesto (Rezept Seite 130).

Hungener »Blaues Wunder« mit rotem Apfelweingelee

Törtchenboden

50 g altbackener Biskuit oder Löffelbiskuit	in einer Tüte fein zerstoßen. Die Schale von
½ Zitrone (unbehandelt)	abreiben,
1 Zweig Thymian	waschen und abrebeln,
1 Msp. frischer Ingwer	reiben und alles zum Biskuit geben.
30 g Butter	erwärmen, über den Biskuit gießen und schnell zu einem Teig kneten. Den Teig in 4 kleine, eingeölte Anrichteringe (oder in einen größeren Kuchenring) als Boden geben. Fest andrücken und im Kühlschrank erkalten lassen.

Käsecreme

2 Blatt Gelatine	in kaltem Wasser einweichen.
80 ml Sahne	steif schlagen und kühl stellen.
80 g Blauschimmelkäse »Blaues Wunder« aus der Hungener Käsescheune (alternativ: Gorgonzola)	mit

Affinage in der Hungener Käsescheune

Der Käsemeister bei der Arbeit

Vorspeisen und Salate | 29

Kanutouren auf der Lahn

70 ml Sahne	unter Rühren langsam erwärmen, bis sich der Käse aufgelöst hat.
½ TL Blütenhonig (z.B. von Imker Roman Hund)	und
2 EL Portwein	zugeben und mit
Salz (grob), Pfeffer aus der Mühle	abschmecken. Die Gelatine aus dem Wasser nehmen, gut ausdrücken und in der noch warmen Käseflüssigkeit auflösen. Unter Rühren im kalten Wasserbad abkühlen, bis die Masse dicklich wird. Sofort die geschlagene Sahne unterheben, dann auf den kalten Biskuitböden verteilen.

Apfelweingelee

2 Blatt Gelatine	in kaltem Wasser einweichen.
120 ml roter Apfelwein (z.B. Kult)	
40 ml Portwein	und
1 TL Puderzucker	zusammen einmal kurz erwärmen, damit sich der Zucker auflöst. Die Gelatine aus dem Wasser nehmen, gut ausdrücken und in der noch warmen Flüssigkeit auflösen. Gelee auf etwa 20 °C abkühlen lassen und auf die Törtchen geben. Für etwa 2 Stunden nochmals kühlen. Dann die Törtchen vorsichtig aus den Ringen heben und mit
4 Apfelblüten (oder ähnliche essbare Blüten)	garnieren.

Vorspeisen und Salate

Landwirtschaft in den Lahnauen

Bärlauch-Terrine mit Tomatenschaum

Terrine

	Eine Terrinenform oder eine kleine Brotform (etwa 500 ml) oder kleine Portionsförmchen mit Klarsichtfolie auslegen, dabei an den Seiten etwas Folie überhängen lassen, damit später die Terrine bedeckt werden kann.
1 Bund frischer Bärlauch	putzen, waschen, gut trockenschleudern und fein hacken.
5 Blatt Gelatine	in kaltem Wasser etwa 5 Minuten einweichen.
200 ml Sahne	steif schlagen und kühl stellen. Den Saft von
½ Zitrone	auspressen und mit
150 g Joghurt (3,5 % Fett)	und
150 g Mascarpone	gut verrühren. Mit
Salz, Pfeffer aus der Mühle	kräftig abschmecken. Die Gelatine aus dem Wasser nehmen, gut ausdrücken und in einem kleinen Töpfchen langsam auflösen. Die Joghurtmischung unter kräftigem Rühren langsam zugeben, gehackten Bärlauch und geschlagene Sahne unterheben, nochmals abschmecken und schnell in die vorbereitete Form füllen. Etwa 4 Stunden kalt stellen.

Tomatenschaum

2 Blatt Gelatine	in kaltem Wasser etwa 5 Minuten einweichen.
1 Schalotte	schälen, in feine Würfel schneiden und in
1 EL Olivenöl	glasig anschwitzen.
1 EL Tomatenmark	und
350 ml passierte Tomaten (aus der Dose)	zugeben und aufkochen. Mit dem Stabmixer pürieren.
30 ml Sahne	hinzufügen und mit
Balsamico-Essig (weiß)	
Salz (grob), Pfeffer aus der Mühle	
Zucker	und
Worcestershiresauce	abschmecken. Die Gelatine aus dem Wasser nehmen, gut ausdrücken und in der noch warmen Flüssigkeit auflösen. Das Ganze durch ein sehr feines Sieb drücken und in einen Sahnespender füllen. Die Masse muss so fein sein, dass sie das Ventil des Gerätes nicht verstopfen kann. Den Sahnespender verschließen, 2 Sahnekapseln aufschrauben und mindestens 2 Stunden durchkühlen. Zum Anrichten
einige bunte Salatblätter	putzen, waschen, trockenschleudern. Mit
Dressing nach Wunsch	vermischen und auf Tellern schön anrichten. Die Terrine stürzen, in Scheiben schneiden und dazulegen. Mit dem Tomatenschaum garnieren.

Nebel im Salzbödetal – Schmelz, Gronauer Hof

Blutwurst-Sauerkraut-Strudel auf Rettich-Carpaccio

Michael Amend, Küchenchef im Best Western Hotel Steinsgarten, Gießen

750 g Kartoffeln	schälen, kochen und durch eine Kartoffelpresse geben. Mit
2 EL Grieß	
90 g Mehl	und
2 Eigelb	zu einem Teig verkneten und noch warm etwa ½ bis 1 cm dick auf Klarsichtfolie gleichmäßig ausrollen.
1 Dose Sauerkraut, ca. 400 g	mit
1 Lorbeerblatt	
5 Wacholderbeeren	und
100 ml Weißwein	aufkochen. Mit
Meersalz, Pfeffer (frisch gemahlen)	abschmecken. Auf einem Sieb abtropfen und leicht auskühlen lassen. Dann gleichmäßig auf der Kartoffelmasse verteilen.
2 Frühlingszwiebeln	in feine Ringe schneiden.
400 g hausmacher Blutwurst	vom Darm befreien und in einer Pfanne mit
1 EL Butter	anbraten, bis sie feinkrümelig ist. Die Frühlingszwiebeln zufügen und noch etwa 1 Minute mitbraten. Die Masse gleichmäßig auf dem Sauerkraut verteilen. Nun mit Hilfe der Klarsichtfolie den Teig mit allen Zutaten zu einer Strudelrolle wickeln. Dabei darauf achten, dass die Klarsichtfolie nicht mit in die Masse eingewickelt wird. Die Rolle nochmals in Alufolie einwickeln, wie einen Bonbon verschließen und in ein Wasserbad legen. Im vorgeheizten Ofen bei 110 °C etwa 40 Minuten ziehen lassen. Den Strudel herausnehmen und abkühlen lassen. In Scheiben schneiden und in

Ahle Blutwurst

»Grünes Haus« im Botanischen Garten Gießen

Altes Schloss Gießen

Vorspeisen und Salate | 33

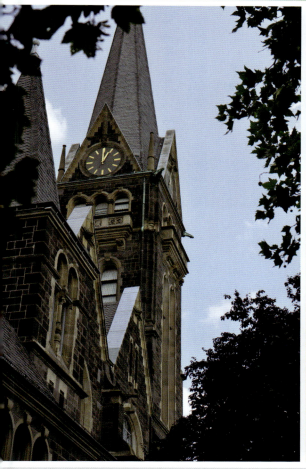

Johanneskirche Gießen

Gießen, Christoph-Rübsamen-Steg

100 g Sesamsaat	wenden. Die Scheiben in einer Pfanne rundum in
50 g Butterschmalz	goldbraun braten und warm stellen.
1 frischer Rettich	schälen und mit einem Gemüsehobel in feine Scheiben hobeln. Die Scheiben kreisförmig auf Tellern auslegen und mit
Meersalz, Pfeffer (frisch gemahlen)	würzen.
2 EL Preiselbeeren	und
2 EL Dijonsenf	glatt rühren und mit
1 EL Honig (flüssig)	abschmecken. Den Strudel in die Tellermitte setzen, mit der Preiselbeersauce angießen und mit
4 Zweige Blattpetersilie	garnieren.

Vorspeisen und Salate

Serviervorschlag für «Himmel und Erde«, Land und Meer, 7 Kräuter-Eisspeise

Ein »Käfer« im Feld

7-Kräuter-Eisspeise mit »Himmel und Erde«, »Land und Meer« und Rotwein-Zartbitterschokolade-Sauce

Marijan Mahlmann, Küchenchefin (ab Frühjahr 2017) im Restaurant »Zum Weserdampfschiff« in Bad Karlshafen

Eisspeise (Granité)

60 ml Weißwein	in einen Topf geben. Den Saft von
½ Bio-Zitrone	auspressen, dazugeben.
1 TL Ingwer (frisch)	schälen, klein schneiden und mit
30 g Honig	ebenfalls zugeben. Alles auf dem Herd unter Rühren erwärmen und glatt rühren. In einen Mixer füllen.
85 g Kräuter für Grüne Sauce	waschen, schleudern und mit in den Mixer geben.
100 g Salatgurke	schälen, in grobe Stücke schneiden, in den Mixer geben. Alles zusammen glatt pürieren.
1 gestr. TL Salz	und
¼ TL Pfeffer (am besten aus der Pfeffermühle)	zugeben und nochmal kurz pürieren. Die Masse in einen Behälter füllen und im Gefrierschrank gefrieren. Stündlich mit einer Gabel durchrühren, damit sehr grobe Kristalle entstehen (Gefrierzeit ca. 5 bis 6 Stunden). Beim Anrichten der Speisen die gefrorene Masse noch einmal ganz kurz (darf nicht zu sehr erwärmen, da die Masse ansonsten wieder schmilzt) im Mixer oder in der Moulinette pürieren.

Himmel und Erde – Variante

1 kleine feste Birne (z.B. »Gute Luise« oder 1 Apfel, z.B. Boskop)	schälen, Kerngehäuse entfernen und in feinste Würfel schneiden.
1 kleine, festkochende Kartoffel	ebenfalls schälen und in feinste Würfel schneiden. Kartoffelstückchen in etwas Salzwasser einmal aufkochen, abgießen und bei Zimmertemperatur langsam herunterkühlen lassen.
⅓ von 1 kleine Zwiebel	schälen, fein würfeln.
¼ Vanilleschote	längs halbieren.
10 g Butter	in eine kleine Pfanne geben und bei geringer Hitze zerlaufen lassen.
1 TL Honig	zur Butter geben. Die Hitze erhöhen und die Vanilleschote dazugeben. Bei mittlerer Hitze aufschäumen lassen. Kartoffel-, Zwiebel- und Birnenwürfel im Karamell anbraten. Vom Herd nehmen und zur Seite stellen, Vanilleschote entfernen.

Rotwein und Zartbitterschokolade

¼ Vanilleschote	längs halbieren,
⅔ von 1 kleine Zwiebel	in feinste Würfel schneiden.
15 g Butter	in eine kleine Pfanne geben und bei geringer Hitze zerlaufen lassen.
1 EL Honig	zur Butter geben. Die Hitze erhöhen und die Vanilleschote sowie die Zwiebelwürfel zugeben. Bei mittlerer Hitze aufschäumen lassen. Köcheln lassen (nicht rühren), bis der Karamell leichte Bräunung angenommen hat (Achtung: Wenn der Karamell zu dunkel wird, entwickeln sich Bitterstoffe). Jetzt mit
80 ml Rotwein	ablöschen und bei geringer Hitze um etwa ein Drittel einköcheln lassen.
15 g Zartbitter-Schokolade (70 % Kakaogehalt)	grob zerstückeln, in die Sauce geben und glatt rühren. Vanilleschote entfernen. Vom Herd nehmen und zur Seite stellen.

Eichhörnchen

Schildkröten nehmen ein Sonnenbad – Grube Fernie, Linden.

Feldhase

Vorspeisen und Salate

Tränendes Herz

Land und Meer

80 g geräucherte Blutwurst (»Ahle« Blutwurst)	pellen und in schräge Scheiben schneiden, so dass schöne, längliche, etwa ½ cm dicke Schiffchen entstehen. Die Scheiben in
10 g Weizenmehl	von beiden Seiten wälzen.
1 EL Rapsöl (z.B. von der Ölmühle Haubern)	in eine beschichtete Pfanne geben, erhitzen und die Wurstscheiben scharf von beiden Seiten anbraten. Aus dem Fett nehmen und auf ein Küchenkrepp legen. Das Fett in der Pfanne lassen und aufheben.
4 Stücke Jakobsmuschelfleisch	beidseitig mit
Salz, Pfeffer	würzen.
1 TL Butter	in das Wurstfett geben und zerlassen. Muscheln hineingeben und beidseitig goldbraun braten.

Anrichten (4 Teller)
Die Sauce kurz erhitzen und mit einem Teelöffel in Kreisen oder Streifen auf den Teller fließen lassen. 1 Blutwurstscheibe auf den Saucenspiegel legen. Jakobsmuschelfleisch mittig daraufsetzen. Mit einem Teelöffel »Himmel und Erde« obenauf setzen (es darf ruhig etwas herunterfallen). Kerbelblätter daraufsetzen. Das fein pürierte Granité jeweils in drei kleinen »Häufchen« um die Blutwurst herum anrichten. Servieren.

> Zu dieser außergewöhnlichen Vorspeise empfiehlt sich ein schöner kalter Apfelwein. Für die Grüne Sauce werden bei der mittelhessischen Variante Borretsch, Dill, Schnittlauch, glatte Petersilie, Pimpinelle, Sauerampfer und Zitronenmelisse verwendet – eine fertige Mischpackung geht jedoch auch.

Vorspeisen und Salate | 37

Törtchen von der Petersilienwurzel mit Wildkräutersalat

	Kleine Metallförmchen oder kleine Gläschen für die Törtchen kalt ausspülen und bereitstellen.
300 g Petersilienwurzel (oder Pastinaken)	gut waschen und schälen, so dass man am Ende 250 g hat. Dann klein schneiden. Von
½ Vanilleschote	das Mark auskratzen.
100 ml Sahne	mit
75 ml Gemüse- oder Fleischbrühe (Rezepte ab S. 14)	aufkochen, Vanillemark und Petersilienwurzel zugeben und langsam zugedeckt gar ziehen lassen. Währenddessen
4 Blatt Gelatine	in kaltem Wasser einweichen.
150 ml Sahne	steif schlagen und kalt stellen.
1 kleines Bund Blattpetersilie	zupfen, waschen, trockenschleudern, fein hacken. Wenn die Petersilienwurzel gar ist, in eine Küchenmaschine geben und fein pürieren. Mit
Salz, Pfeffer (frisch gemahlen)	abschmecken. Gelatine ausdrücken und in der noch warmen Masse auflösen. Dann unter gelegentlichem Rühren im kalten Wasserbad auf etwa 20 °C abkühlen lassen. Gehackte Petersilie und geschlagene Sahne zügig unterheben. In die vorbereiteten Förmchen füllen und mindestens 2 Stunden in die Kühlung stellen. Zwischenzeitlich
100 g Wildkräutersalatmischung	zupfen, waschen, trockenschleudern. Ein fruchtiges
Salatdressing	zubereiten und den Salat zusammen mit dem Törtchen servieren. Als Dekoration eignen sich frische Früchte z.B.
Himbeeren, Erdbeeren, Mango einige Kerbelblättchen	sowie

Detail einer Ackerdistel

Lilienblüte

Buntes Laub am Gartentor in Wieseck

Joghurt-Grüne-Sauce-Mousse mit Wachteleiern und Blattsalaten (für 8 Personen)

Küchenmeister Thomas Kehr, Köcheverein Gießen-Wetzlar

Grüne-Sauce-Mousse

	8 Formen für die Mousse mit Klarsichtfolie auslegen.
4 Blatt Gelatine	in kaltem Wasser einweichen.
500 g Joghurt (10 % Fett)	mit wenig abgeriebener Schale von
1 Bio-Zitrone	verrühren. Den Joghurt mit
Salz, Pfeffer aus der Mühle	etwas
Zitronensaft, Senf	und
1 Prise Zucker	abschmecken.
250 ml Sahne	steif schlagen und kalt stellen.
1 Grüne-Sauce-Mischpackung	Kräuter waschen, putzen, Schnittlauch sehr fein schneiden, den Rest grob schneiden. Die Hälfte der Kräuter fein pürieren, die zweite Hälfte hacken, alles in die Joghurtmasse geben und abschmecken. Gelatine erwärmen und schmelzen, schnell unter den Joghurt rühren. Sofort die Sahne unterheben und in die Formen füllen. Abdecken und etwa 2 bis 3 Stunden kalt stellen.
16 Wachteleier	in leichtem Essigwasser 10 Minuten hart kochen und schälen. 8 Eier hacken und in die Sauce geben, die restlichen halbieren und zur Dekoration verwenden.

Salate

200 g Blattsalate	putzen, waschen, abtropfen oder schleudern und mundgerecht zupfen. Für das Dressing
50 ml Essig (hell)	
1 EL Honig	
50 ml Olivenöl	
100 ml Raps- oder Sonnenblumenöl	
1 EL Senf	und
1 Eigelb	in ein hohes Gefäß geben, etwas Wasser zugeben, mit einem Stabmixer aufmixen und mit
Salz, Zucker, Pfeffer	abschmecken. Die Mousse stürzen, portionieren und mit dem Blattsalat und dem Dressing schön auf Tellern anrichten.

> Geeignete Blattsalate sind z.B. Lollo rosso, Batavia, Eisbergsalat, Radicchio, Kopfsalat o.ä.

Bachforellencarpaccio mit Kerbeljoghurt und Bauernbrotchips

Küchenmeister Patrick Schmider, Gießen

2 schöne Forellen (z.B. von der Fischzucht Wetterfeld)	vom Fischhändler filetieren und entgräten lassen.
2 Rote-Bete-Knollen	
2 Weiße-Bete-Knollen	mit
1 Sternanis	
3 Nelken	
3 Lorbeerblätter	und
6 Wacholderbeeren	in wenig Wasser aufsetzen und mit
Salz	würzen. Weich kochen und anschließend schälen. Die rohen Forellenfilets und die Bete in etwa 1 mm dünne Scheiben schneiden und abwechselnd, aber gleichmäßig, auf Tellern anrichten. Mit
Salz, Pfeffer (frisch gemahlen)	nach Belieben würzen und mit etwas Saft von
1 Bio-Zitrone	und
4 EL Olivenöl	beträufeln. Mit
1 EL Kerbelblätter	garnieren.
100 g Joghurt	mit
Salz, Pfeffer (frisch gemahlen)	und etwas abgeriebener Zitronenschale abschmecken. Dann
2 EL Kerbel	fein hacken und untermischen.
80 g Bauernbrot	in 2 mm dünne Scheiben schneiden, auf ein mit Backpapier ausgelegtes Backblech legen. Danach mit
Salz, Pfeffer (frisch gemahlen)	würzen und mit
4 EL Olivenöl	beträufeln. Bei starker Oberhitze unter einmaligem Wenden goldgelb toasten. Brotchips und Kerbeljoghurt separat zur Forelle servieren.

> Zu dieser Vorspeise empfiehlt sich ein schöner fruchtiger Weißwein, z.B. »Lenchen«-Riesling von Peter Jakob Kühn, Oestrich-Winkel.

Kapuzinerkresse

Türkenbundlilie – »Lilium martagon«

Zinnie mit grünem Heupferd

Hessische Kartoffelsuppe

in Gedenken an Küchenmeister Horst Wetterau, Dautphetal († 2009)

20 g Mehl	mit
20 g weiche Butter	zu einer Mehlbutter verkneten und zur Seite stellen.
200 g Lauch	
50 g Karotten	und
50 g Knollensellerie	waschen, putzen, in kleine Würfel schneiden und in
1 EL Butter	anschwitzen. Mit
50 ml Weißwein	ablöschen und dann
1,5 l Fleischbrühe (Rezept S. 15)	auffüllen.
600 g festkochende Kartoffeln (z.B. vom Weiherhof, Pohlheim)	schälen, in etwa 1 cm große Würfel schneiden, hinzugeben und garen.
200 ml Sahne	aufgießen und die Suppe mit der Mehlbutter abbinden. Mit
1 TL Dijonsenf	
1 Prise Salz, Pfeffer (frisch gemahlen)	
1 TL grüne Pfefferkörner	sowie etwas
Muskatnuss	würzen und abschmecken. Zuletzt
1 TL Kerbel	und
1 TL Petersilie	hacken und zufügen. Für die Garnitur
2 Scheiben Toastbrot	würfeln und in
2 EL Butter	kross rösten. Über die Suppe streuen.

> Dazu knusprig gebratene Speckwürfel und geschlagene Sahne servieren.

In Gießen: Goethestraße ...   **... Wochenmarkt**   **... und Gießkannen-Museum**

Suppeneinlagen für Fleisch- oder Geflügelbrühe

Einlagen (jeweils für 10 Portionen) für die selbst gemachten Brühen ab Seite 14

Flädle oder Pfannkuchenstreifen

80 g Mehl	in eine Schüssel geben und mit
240 ml Milch	glatt rühren.
2 Eier	sowie zusätzlich noch
2 Eigelbe	zugeben und verrühren.
2 EL Petersilie	
2 EL Schnittlauch	hacken und zugeben. Mit
Salz, Pfeffer (frisch gemahlen)	und
Muskatnuss	abschmecken. Aus dem Teig in einer Pfanne mit etwas
Butter	dünne Pfannkuchen ausbacken. In etwa 5 cm lange Streifen schneiden und in der heißen Suppe servieren.

Grießklößchen

50 g weiche Butter	in eine Schüssel geben.
1 Ei	zufügen und mit dem Schneebesen kräftig durchrühren.
100 g Weichweizengrieß	
1 Prise Muskatnuss	
1 Prise Salz	und
1 TL gehackte Petersilie	dazugeben und zu einer homogenen Masse glatt rühren. Dann mit einem Espressolöffel Nocken in eine heiße Brühe abstechen und etwa 15 Minuten ziehen lassen (nicht kochen). In der heißen Suppe servieren.

Eierstich

2 Eigelbe	und
1 Ei	gründlich miteinander verquirlen.
100 ml Milch	kurz aufkochen lassen und unter kräftigem Rühren auf die Eier geben. Mit
Salz, Muskatnuss	würzen und durch ein feines Sieb in eine ofenfeste, gebutterte Form sieben. Die Form mit Alufolie gut abdecken und bei etwa 90 °C im Ofen etwa 1 Stunde fest werden lassen. Nach dem Erkalten in gleichmäßige Würfel schneiden. In der heißen Suppe servieren.

Berühmte Persönlichkeiten

Neben Justus Liebig, dem hier im Buch eine eigene Geschichte gewidmet ist (siehe Seite 122), haben noch weitere Persönlichkeiten der Zeitgeschichte und der Gegenwart in Gießen oder im Landkreis Gießen das Licht der mittelhessischen Welt erblickt oder hier einen wichtigen Teil Ihres Lebens verbracht. Die folgende Aufzählung erhebt keinen Anspruch auf Vollständigkeit.

Friedrich Ludwig Weidig: geboren 1791 in Langgöns-Oberkleen. Er war Theologe, Pädagoge und Publizist des von Georg Büchner verfassten, durch ihn redaktionell bearbeiteten und veröffentlichten »Hessischen Landboten«, ein Pamphlet mit dem Revolutionsaufruf: »Friede den Hütten! Krieg den Palästen!«. Wegbereiter der Märzrevolution von 1848. An ihn erinnern noch viele Schulnamen, z.B. das Weidig-Gymnasium in Butzbach.

Wilhelm Liebknecht: Er war einer der Gründerväter der Sozialdemokratischen Partei Deutschlands, SPD, und Vater von Karl Liebknecht, Mitbegründer der Kommunistischen Partei Deutschlands. Liebknecht wurde im Jahr 1826 in Gießen geboren und studierte unter anderem auch dort. Auf sein rebellisches Engagement als Vorkämpfer für die proletarische Bildungsarbeit »Wissen ist Macht« und die Arbeiterbewegung beriefen oder berufen sich noch heute viele traditionelle Ansichten in SPD, SED, KPD, PDS und Linke. Am Ort seines Geburtshauses am Burggraben (heute HR-Gebäude), befindet sich eine Gedenktafel.
»Und mein Gießen lob' ich mir«; es ist kein Klein-Paris, aber es ist Gießen, und wenn immer ich einmal daran denke, fern vom Kampfgewühl, in Ruhe und Freiheit – nicht im Gefängnis, wo allein ich bis jetzt »Ruhe« gehabt, Einkehr und Selbstschau zu halten –, dann denke ich an mein liebes Gießen mit der schönen Umgegend, in welcher weit und breit kein Stein ist, den ich nicht in der Kindheit und Jugend betreten«
Aus: Liebknecht, Wilhelm: Erinnerungen eines Soldaten der Revolution, S. 54. Quelle: http://www.giessener-zeitung.de/giessen/beitrag/19036/ vom 03.04.2016, mit freundlicher Genehmigung.

Wilhelm Conrad Röntgen: Der Entdecker der Röntgenstrahlen und Physik-Nobelpreisträger lehrte als Professor von 1879 bis 1888 in Gießen. Auf eigenen Wunsch hin wurde er nach seinem Tod in München im Jahre 1923 im Familiengrab seiner Eltern in Gießen bestattet. Das Grab mit Gedenktafel ist noch heute auf dem Alten Friedhof zu sehen.

Vincent Klink: Ein 1949 in Gießen geborener Sternekoch und Autor der besonderen Art. Immer bodenständig und ehrlich geblieben mit einer Küche, die schon, bevor sie in Mode kam, auf regionale und ökologische Produkte Wert legte. Wenn auch leider schon früh ins Schwabenländle »ausgewandert«, bleibt er doch ein Schlammbeiser

Suppen und Eintöpfe | 43

... was mich, den Autor, als Koch und Freund der schwäbischen Küche besonders freut!

Volker Bouffier: 1951 in Gießen geboren. Er ist hessischer Ministerpräsident seit dem Jahr 2014 und ursprünglich Jurist mit Abitur an der Herderschule und eigener Kanzlei in Gießen. Vor seiner politischen Karriere spielte er übrigens in der Basketball-Jugendnationalmannschaft bis zu einem schweren Autounfall im Jahr 1973. Bis heute gilt er als großer Fan des heimischen Bellschou (siehe Seite 92).

Charly Weller: 1951 in Marburg geboren, aber in Gießen aufgewachsen. Er war als Fotograf in Paris für Charly Hebdo tätig und studierte in Berlin Jura, Theologie und Journalismus. 1991 erhielt er für sein Werk »Schlammbeiser« den Max-Ophüls-Preis für Filmschaffende. Als Regisseur drehte er Mitte der 1990er Jahre mit Hannelore Elsner und dem jungen Til Schweiger in »Die Kommissarin«. Noch heute wirkt er als Geschäftsführer von Mittelhessen-TV in Gießen.

Harald Lesch: geboren 1960 in Gießen, als Sohn einer Gastwirtsfamilie in Mücke-Nieder-Ohmen, im Vogelsberg, aufgewachsen. Als Professor für Astrophysik an der Universitätssternwarte der Uni München ist er Träger vieler Auszeichnungen und Preise. Sein Gesicht dürfte den meisten aus dem TV bekannt sein. Terra-X, ZDFneo und ARD-alpha sind nur einige Sender, auf denen er häufig zu sehen ist.

Til Schweiger: 1963 in Freiburg geboren und in Heuchelheim aufgewachsen. Ausgezeichneter Schauspieler, der nie sein Herz für die Region, in der er aufgewachsen ist, verloren hat. Gelegentlich ist er in der Stadt auch anzutreffen. Er spricht sogar ein wenig »Manisch« (siehe Seite 17). Schweiger engagiert sich gegen Kinderarmut und als Gründer der Till-Schweiger-Foundation für die Chancen benachteiligter Kinder ... halt echt ein »Latscho Gardsch«!

Quellen: Wikipedia, Abruf 03.04.2016, Gießener Allgemeine vom 05.08.2014, http://www.mittelhessen-tv.de/

Justus Liebig in seinem Gießener Labor

Berühmte Köpfe vor dem Gießener Alten Schloss

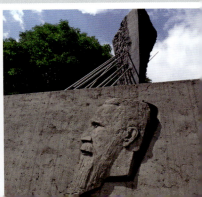

Röntgendenkmal im Theaterpark neben dem Stadttheater Gießen

Weiße Tomatenschaumsuppe mit Bärlauch-Quark-Nocken

Bärlauch-Quark-Nocken

250 g Quark	zusammen mit
1 Bund Bärlauch	mit dem Mixstab pürieren.
2 Eier	trennen. Das Eiweiß steif schlagen und kühl stellen.
50 g Butter	in einer Schüssel schaumig rühren. Die Eigelbe nach und nach unterrühren. Den Bärlauchquark und
75 g feine Semmelbrösel	zufügen und unterrühren. Mit
Muskatnuss, Salz	abschmecken. Das Eiweiß nun vorsichtig unter die Masse heben.
500 ml Gemüse- oder Fleischbrühe (Rezepte ab S. 14)	erhitzen und von der Masse mit 2 Teelöffeln einzelne Nocken abstechen und in die heiße (nicht kochende) Brühe geben. Bei geringer Wärmezufuhr etwa 10 Minuten ziehen lassen und warm halten.

Wochenmarkt Gießen   Fachwerkhaus in Gießen, Gasthaus zum Löwen

Suppen und Eintöpfe | 45

In Gießen: Zeughaus ...   ... »Die drei Schwätzer« in grünem Licht   ... Innenansicht Rathaus

Weiße Tomatenschaumsuppe

800 g Strauchtomaten	waschen, den Strunk entfernen, Tomaten klein schneiden und mit dem Mixstab fein pürieren.
30 g Schalotten	sowie
je 1 Zweig Rosmarin, Thymian (alternativ Basilikum)	und
2 Knoblauchzehen	klein schneiden. Schalotten, Kräuter und Knoblauch in
50 ml Olivenöl	kurz anschwitzen.
1 TL Tomatenmark	zugeben und kurz mitschwitzen. Mit
100 ml Weißwein	ablöschen und die pürierten Tomaten aufgießen.
200 ml Gemüse- oder Fleischbrühe	zugeben und alles 15 Minuten gut durchkochen lassen. Mit
Salz, Pfeffer (frisch gemahlen)	
Balsamico-Essig (hell)	und
Zucker	abschmecken. Die Suppe durch ein feines Spitzsieb passieren. Danach die Flüssigkeit nochmals durch ein Passiertuch passieren, dabei das Tuch langsam zusammendrehen und die gesamte Flüssigkeit auffangen. Den Topf säubern und die nun »klare« Tomatenbrühe in den Topf zurückgießen. Je nach Konsistenz die Suppe mit etwas
Saucenbinder, hell	andicken.
400 ml flüssige Sahne	steif schlagen, unterheben und sofort mit den Bärlauchnocken servieren. Als Garnitur eignen sich
feine frittierte Karottenstreifen (Karottenstroh)	

> Anstelle eines Passiertuches kann man auch ein mit klarem Wasser ausgewaschenes Geschirrtuch ohne Waschmittelreste verwenden.

Suppen und Eintöpfe

Gebratene Scampi, passend zum Schaumsüppchen vom Hokkaido Kürbis

Schaumsüppchen vom Hokkaido-Kürbis mit gegrilltem Edelkrebs

4 Edelkrebse (oder Scampi)	Zubereitungsinfo der Krebse vom Lieferanten beachten. Bei Scampi die Schale vom Rücken her so einschneiden, dass sie gerade eben noch an der Vorderseite zusammenhalten.
1 TL Limettensaft	mit
Salz, Pfeffer (frisch gemahlen)	
Ingwer (frisch gerieben)	etwas
Chilischote	und
Koriandergrün (frisch)	zu einer Marinade verrühren und die Krebse darin 1 bis 2 Stunden marinieren.

> Regionale frische Krebse erhalten Sie bei der Fischzucht-Wetterfeld oder in Schotten, bei Björn Kral »Vulkankrebse«.

Schaumsüppchen

200 g Hokkaido-Kürbis (z.B. vom Kürbishof Müller, Langgöns)	
50 g Karotten	
30 g Knollensellerie	
40 g Lauch oder Zwiebeln	und
1 Apfel	waschen, putzen und in gleichmäßige grobe Stücke schneiden.
1 EL Butter	in einem flachen Topf erhitzen und das Gemüse in der angegebenen Reihenfolge darin anschwitzen (die Gemüse bleiben in der Pfanne). Den Apfel erst zum Schluss zufügen.
½ TL hochwertiges Currypulver	drüberstreuen, unterrühren und mit
40 ml Weißwein (trocken)	ablöschen.
500 ml Geflügel- oder Gemüsebrühe (Rezepte ab S. 14)	auffüllen. Das Ganze solange köcheln lassen, bis es wirklich weich ist. Mit dem Mixstab fein pürieren und durch ein feines Sieb passieren. Mit
Salz, Pfeffer (frisch gemahlen)	
Zucker	
Koriandergrün (frisch)	
etwas Chilischote	sowie
Currypulver	und
Ingwer (frisch gerieben)	abschmecken und zur Seite stellen. Die vier marinierten Krebse abtupfen und aufgeklappt in einer Pfanne in
1 TL Butterschmalz oder Öl	kurz kross anbraten und auf vier kleine Spieße stecken.
80 ml Sahne	steif schlagen, mit dem Mixstab unter die Suppe heben und sofort mit den Spießen servieren. Für die Garnitur
Koriandergrün	kurz in heißem
Öl	frittieren.

Hokkaido-Kürbis

Herbstausstellung »Herbstzauber im Laubacher Schlosspark«

Schloss Laubach – Herrenscheune

Tomatisierte Fischsuppe mit Knoblauch-Basilikum-Schmand

Saskia Sonneborn-Stahl, Schlemmerherz, Heuchelheim

Fischsuppe

1 Gemüsezwiebel	schälen und würfeln.
750 g Tomaten	mit heißem Wasser überbrühen und schälen, dann vierteln, entkernen und klein würfeln.
250 g festkochende Kartoffeln	schälen und sehr dünn hobeln.
1 Bund glatte Petersilie	waschen und klein hacken.
4 Knoblauchzehen	schälen, fein hacken. Zwiebelwürfel in
2 EL Rapsöl	glasig dünsten, Kartoffeln kurz danach dazugeben und kurz mit anbraten. Tomaten, Petersilie und Knoblauch dazugeben. Mit
4 Lorbeerblätter	
3 Tütchen Safranfäden	ergänzen und kurz köcheln lassen.
1 l Gemüsebrühe (Rezept S. 14)	dazugeben und 10 Minuten kochen lassen. Mit
Salz, Pfeffer (frisch gemahlen)	abschmecken. Hitze reduzieren und
750 g festes, helles Fischfilet (z.B. Zander, Forelle, Waller, Hecht)	in löffelgroße Stücke schneiden, in die Suppe geben und 10 Minuten ziehen lassen. Inzwischen

Knoblauch-Basilikum-Schmand

2 Knoblauchzehen	schälen und sehr fein hacken.
20 Basilikumblätter	in sehr feine Streifen schneiden. Alles mit
200 g Schmand	mischen und mit
2 TL Zitronensaft	etwas
Cayenne-Pfeffer	sowie
Salz, Pfeffer (frisch gemahlen)	abschmecken.
8 Scheiben Weißbrot	in der Pfanne rösten. Den Schmand darauf verteilen. Die Suppe in Teller schöpfen und das Brot obenauf setzen.

> Kaufen Sie den Fisch am besten bei einer örtlichen Fischzucht (z.B. Hecht aus der Lahn oder von der Fischzucht Wetterfeld). Dazu passt zum Beispiel ein »Hallgartener Buntschiefer« mit kräuterigem Bouquet vom Weingut Spreitzer in Oestrich-Winkel.

Käsesuppe vom Hungener Äppelwoi-Käse

Rezept aus der Hungener Käsescheune

500 g Knollensellerie	
500 g Zwiebeln	
500 g Champignons	putzen bzw. schälen, waschen und in
1 EL Butter	anschwitzen. Mit
Salz, Pfeffer (frisch gemahlen)	sowie etwas geriebener
Muskatnuss	und
½ TL Thymian (frisch)	würzen. Mit
500 ml Gemüse- oder Geflügelfond (Rezepte ab S. 14)	ablöschen und bis auf die Hälfte reduzieren lassen.
100 ml Apfelwein	
500 ml frische, pasteurisierte Milch	und
250 ml Sahne	zugeben, einmal aufkochen lassen und nochmals auf die Hälfte reduzieren. Die Suppe passieren und bei Bedarf mit den genannten Gewürzen nachschmecken.
200 g Äppelwoikäse (z.B. aus der Käsescheune Hungen)	reiben und bei milder Hitze unterziehen. Als Einlage:

»Taste me« – in der Käsescheune Hungen

karamellisierte Apfelwürfel

1 rotbackiger, säuerlicher Apfel	waschen, entkernen und mit der roten Schale in feine Würfel schneiden. In einer beschichteten Pfanne
1 TL Butter	zerlassen, Apfelwürfel einlegen, vorsichtig anbraten und dabei mit
1 TL Puderzucker	bestreuen. Leicht karamellisieren lassen. Dann mit
50 ml Apfelwein	ablöschen. Als Auflage geröstete Weißbrotwürfel:

Weißbrotcroûtons	
4 Scheiben Toastbrot	entrinden und in 1 cm dicke Würfel schneiden.
100 g Butter	in einer Pfanne aufschäumen lassen und die Würfel darin goldbraun braten. Mit
Salz	würzen, auf die Suppe geben und servieren.

> Klassisch serviert man hierzu einen leichten Weißwein oder einen urtypischen Äppler.

Apfel-Rahmsauerkraut nach Oma Marie

500 g Sauerkraut	abtropfen lassen und zur Seite stellen.
1 kleine Zwiebel	und
1 kleiner säuerlicher Apfel	in kleine Würfel schneiden. In
1 EL Rapsöl	anschwitzen und mit
2 cl Apfelsaft	ablöschen. Das Sauerkraut dazugeben,
1 Lorbeerblatt	und
3 Wacholderbeeren	hinzufügen und mit
100 ml Sahne	sowie
50 g Schmand	ergänzen. Mit
Salz, Pfeffer (frisch gemahlen)	und
Zucker	abschmecken.

> Wer möchte, kann das Rahmsauerkraut auch mit kross gebratenen Speckwürfeln anrichten.

Sammler und Hobbywelt – Alten Buseck

Urgroßmutters Apfelrotkohl im Weckglas

Einmachen: Im Gegensatz zum Einkochen und Einwecken eine schnelle und wenig aufwändige Methode der Haltbarmachung: Hier wird das nach normaler Rezeptur hergestellte Gargut einfach in die sterilen Gläser gefüllt, zugedreht und zunächst auf dem Kopf stehend ausgekühlt. Aber nicht nur Rotkraut und Früchte eignen sich dafür. Auch viele saisonale Gemüse können über lange Zeit haltbar gemacht werden. Ob als raffiniertes Kürbis-Chutney, die eigene Tomatensauce, feurige Peperonata, Wirsing, Orangenfenchel oder Grill-Antipasti, ja selbst Ratatouille oder Spargelsuppe lassen sich auf diese Art konservieren.

Gläser vorbereiten: Weck- oder Schraubgläser (sogenannte »Twist-off-Gläser«) gut säubern, mit kochendem Wasser ausspülen und bei 130 °C für 10 Minuten im Backofen sterilisieren. Die Dichtungen bei Weckgläsern vorher abnehmen und separat abkochen.

1 kg Rotkohl	putzen, vierteln, Strunk entfernen und mit einer Küchenmaschine fein hobeln.
1 kleine Zwiebel	pellen, in feine Streifen schneiden und in einem größeren Topf in
50 g Butterschmalz oder Gänsefett	glasig schwitzen.
50 g Zucker	zugeben und leicht karamellisieren lassen. Mit
100 ml Portwein	ablöschen. Dann den geschnittenen Kohl zugeben.
1 großer, säuerlicher Apfel	in grobe Würfel schneiden und zugeben. Etwa fünf Minuten unter Rühren anschwitzen.
50 ml Balsamico-Essig (hell)	
50 ml Rotwein	
1 Lorbeerblatt	
1 Nelke	
2 EL Johannisbeergelee	und
Salz, Pfeffer (frisch gemahlen)	zufügen. Bei geschlossenem Deckel 30 bis 40 Minuten leicht köcheln lassen. Das Rotkraut ist gar, wenn es noch leicht Biss hat. Sollte die Konsistenz zu flüssig sein, mit etwas
Stärke	binden. Mit
Salz, Pfeffer (frisch gemahlen)	
Zucker, Essig	abschmecken. Wer es noch fruchtiger mag, kann auch Apfelmus zum Abschmecken benutzen. Das heiße Rotkraut in die vorbereiteten Gläser bis zum Rand einfüllen, die Deckel gut verschließen und auf dem Kopf für einige Minuten stehen lassen. Erst dann umdrehen, vollständig auskühlen lassen und an einem dunklen, kühlen Ort (z.B. Keller) aufbewahren.

> Bei der Verarbeitung Einweghandschuhe tragen. Eingemacht lässt sich das Rotkraut locker bis zu 6 Monate aufbewahren. Ergibt etwa 1 l fertiges Rotkraut.

Brauchtümer der Burschenschaften

In der Region um Gießen haben sich in vielen der kleinen Dörfer alte, dem außenstehenden Betrachter manchmal etwas skurril vorkommende Traditionen über die vergangenen Jahrzehnte entwickelt und bewahrt. Teils ist es nicht mehr genau nachvollziehbar, woher sie kamen bzw. aus welchem Grund sie entstanden sind. Dennoch werden sie großenteils bis heute gepflegt und besitzen zumindest ein gehöriges Maß an Unterhaltungswert. Über zwei davon können Sie hier schmunzeln.

Das Eiersammeln
Hier und da auch als Eierbacken bezeichnet, ist eine Tradition, die um Ostern herum stattfindet und schon über 100 Jahre alt ist. Ursprünglich wurden die Eier für den Pfarrer gesammelt (in katholischen Gegenden in der Karwoche von Ministranten). Mancherorts wurde dabei mit hölzernen Lärminstrumenten geratscht bzw. gekleppert, um an Gottesdienst und Gebet zu erinnern. In der Rhön ist dieser Brauch beispielsweise unter »Klapperspatzen« bekannt.
Heute ziehen junge Burschen der ortsansässigen Burschenschaften mit Weidekörben und Stöcken »bewaffnet« von Tür zu Tür und bitten um eine Eierspende. Dabei macht man in Pohlheim mit dem Ruf »Hott de Hoass geloacht« (hat der Hase gelegt) besonders laut auf sich aufmerksam. Was früher Jedermann/frau bekannt war und worauf sich auch mancher besuchte Anwohner mit einem Schnäpschen bei der Eiübergabe vorbereitete, ruft heute teilweise Irritationen hervor, weil viele Zugezogene diesen Brauch nicht kennen und sich über die »seltsamen Leute« wundern. In den Glanzzeiten der Burschenschaften wurden gleich mehrere dieser Sammeltrupps durch das ganze Dorf geschickt, um ja keine Tür auszulassen und die Anwohner nicht zu enttäuschen. Die gesammelte, beträchtliche Eiermenge wird dann verschieden zubereitet im Vereinslokal in lustiger Runde verzehrt. Der Rekord im Verspeisen liegt übrigens bei 28 Eiern.

Das Maibaumstellen
Es ist ebenfalls ein uralter Brauch und wird im Landkreis je nach Ortschaft an unterschiedlichen Tagen durchgeführt. Der wohl überwiegende Teil stellt die Bäume in der Nacht zum 1. Mai auf, es gibt aber auch Dörfer, in denen der Maibaum erst am Pfingstsamstag gestellt wird.
Die Tradition des Maibaums in unseren Gefilden ist aber nicht zu verwechseln mit der bayerischen Art, an der bunt verzierte und mit Kränzen behängte, blau-weiß gestrichene Bäume auf dem Marktplatz des jeweiligen Dorfes aufgestellt werden.
In Mittelhessen sind die Maibäume ganz romantisch als Zeichen der Liebe zu verstehen. Junge Burschen suchen eine schöne Maibirke aus und binden diese klammheimlich an das Haus der Liebsten. Da möchte »Mann« sich ja nicht lumpen lassen und sucht bei Tageslicht noch eine besonders prachtvolle Birke aus, schließlich will man Eindruck schinden und im Morgengrauen mit dem grandiosesten Baum dastehen. Doch leider bringt es die Natur auch mit sich, dass eben gerade diese opu-

lenten Hölzer auch mit einem gewissen Gewicht daherkommen. Als echter »Kerl« gilt es zudem als ungeschriebenes Gesetz, den Baum auch alleine auf den Schultern aus dem Wald zu transportieren. Ein wahrer Held, der seine eigenen Kräfte und Reserven vor dem Schlagen mit der Axt gut einschätzen kann.

Soweit zur Tradition. Jedenfalls sei gesagt, dass sich über diese Art der Liebesbekundung noch jedes Mädchen diebisch freute, auch wenn bisweilen nicht immer klar war, von welchem Verehrer die Birke stammte.

Aber, wenn man besonderes Pech hatte, montierte der Nebenbuhler gerade sein Prachtstück an das »Dachkennel« (Dachrinne) der Verehrten und all die Plackerei schien umsonst … Clevere Burschen gingen daher ziemlich zum Ende der Nacht los und »befreiten« das Haus der Gnädigen von dem »Gestrüpp« der Vorgänger.

Nach verrichteten Dingen trifft man sich wieder im Wald, um einen besonders imposanten Baum am Vereinslokal aufzustellen. Hier sind jetzt wahre Maibaum-Kawenzmänner Pflicht und jede helfende Hand gefragt. Schließlich soll der Baum am Vereinslokal ja der größte aller Burschenschaften sein.

In Steinberg empfing einen nach endlosem Geschleppe und fürchterlichen Qualen der Vereinswirt Ernst Buß völlig aufgelöst, in Sorge um Hausfassade und die Dacheindeckung regelmäßig mit den Worten: »Ihr Bouwe seid joa völlig balla-balla, vorneweg fünf Meder oab!«. Und nach einigen Bierchen beruhigte »Mann« sich wieder und der Baum stand auch.

Also, wenn Ihnen in Ihrem Tagesablauf seltsame Menschen mit Eierkörben oder laufende Bäume begegnen – wundern Sie sich nicht, es könnten Burschenschaftler bei der Pflege der Traditionen sein.

Bunte Ostereier

Karamellisierte Kürbisspalten

Bunte Kürbisernte

Karamellisierte Kürbisspalten aus der Pfanne

Julia Pantano-Buß, gusto.cc, Pohlheim

1 kleiner Hokkaido-Kürbis	gut waschen, entkernen, längs halbieren und in etwa 12 bis 16 gröbere Spalten schneiden (Hokkaido wird nicht geschält).
1 EL Butterschmalz	in einer breiten Teflonpfanne zerlassen, Kürbisspalten einlegen und langsam gleichmäßig bräunen. Kurz vor dem Umdrehen die Oberseite der Kürbisspalten mit
2 EL Rohrzucker	bestreuen und dann umdrehen.
4 – 5 Thymianzweige	waschen und abrebeln.
½ Chilischote	waschen, entkernen und in 4 grobe Teile schneiden (beim Verarbeiten am besten Einweghandschuhe tragen).
2 EL Kürbiskerne	zugeben.
2 Knoblauchzehen	schälen, in Scheiben schneiden und alles langsam mitbraten, bis der Zucker leicht karamellisiert ist. Gegen Garzeitende
20 g Ingwer	reiben und zufügen. Mit
1 Spritzer Zitronen- oder Orangensaft	beträufeln und mit
grobes Meersalz, Pfeffer aus der Mühle	würzen.

»Kürbis-Fritz« »hessisch-rot-weiß«

Kürbis in hessischen Nationalfarben

1 Rosmarinzweig	waschen und abrebeln.
¼ Chilischote	waschen, entkernen und klein schneiden (beim Verarbeiten am besten Einweghandschuhe tragen).
2 Knoblauchzehen	schälen und klein würfeln. Von
¼ Bio-Orange	die Schale abreiben.
1 Msp. Ingwer	reiben. Alle Zutaten in einen Mörser geben und
½ TL Paprikapulver	
½ TL Pommes-Frites Würzsalz	
1 EL Rohrzucker	und
2 – 3 EL gutes Olivenöl	dazugeben. Alles im Mörser fein zu einer Paste zermahlen. Den Ofen auf 250 °C vorheizen.
1 kleiner Hokkaido-Kürbis (z.B. vom Kürbishof Müller, Langgöns)	gut waschen, entkernen, längs halbieren und in kleine Spalten schneiden (Hokkaido wird nicht geschält). Mit der Paste gut durchmischen, so dass die Gewürze gleichmäßig verteilt sind. Auf ein mit Backpapier belegtes Ofenblech legen, dabei darauf achten, dass die Kürbisspalten möglichst nicht übereinanderliegen. Im Ofen 15 bis 20 Minuten bis zur gewünschten Bräunung backen. In kleinen Pommes- oder Butterbrotpapiertüten servieren.

> Dazu passen in den hessischen Nationalfarben optimal das Basilikum-Kirschtomaten-Ketchup (Rezept Seite 133) und die Knoblauch-Schmand-Mayonnaise (Rezept Seite 135).

»Elefantenklo« mit Frankfurter-Straße und Bonifatiuskirche

Das Leib'sche und das Wallenfels'sche Haus (Museen)

Petersilienwurzel-Risotto mit Apfelmus und Handkäse

2 EL Olivenöl	in einem flachen Topf erhitzen.
1 kleine Zwiebel	in feine Würfel schneiden und zusammen mit
300 g Risotto-Reis (z.B. Carnaroli)	farblos anschwitzen. Mit
100 ml Apfelwein	ablöschen und nach und nach
700 ml Gemüsebrühe (Rezept S. 14)	unter ständigem Rühren immer wieder auffüllen. Dabei immer wieder den Deckel auflegen.
200 g Petersilienwurzel	schälen, klein schneiden und in
300 ml Gemüsefond	weich garen und pürieren. Dann zum Risotto geben. Sobald das Risotto bissfeste Konsistenz hat,
125 g Handkäse	
40 g kalte Butter	und
100 ml Sahne	zugeben und glatt rühren. Mit
Salz, Pfeffer (frisch gemahlen)	abschmecken und auf Tellern verteilen.
100 g Apfelmus	als »Klecks« obenauf drapieren.
Kerbelblätter	als Dekoration auflegen.

> Als passender Wein empfiehlt sich ein Spätburgunder mit fruchtiger Note vom Weingut Künstler in Hochheim am Main.

See in der Lahnaue, ein ehemaliges Kiesabbaugebiet, das heute Naturschutzgebiet ist.

Kartoffelernte mit alten Landmaschinen im Gleiberger Feld

Kartoffel-Maronen-Knödel mit brauner Mandelbutter

900 g mehlig kochende Kartoffeln	kochen, ausdämpfen lassen, pellen und über Nacht zugedeckt im Kühlschrank stehen lassen. Am nächsten Tag zweimal durch eine Kartoffelpresse drücken, damit der Teig schön fein wird. Mit
130 g Grieß	und
3 Eigelbe	vermischen, dann mit
Salz, Muskatnuss	abschmecken. Die Kartoffelmasse zu einer gleichmäßig dicken »Wurst« rollen und in 12 gleiche Teile schneiden. Die Stücke zu einheitlichen Knödeln formen, dabei
12 Maronen/Esskastanien (gegart)	in die Mitte der Knödel einrollen. Reichlich Salzwasser in einem flachen Topf zum Kochen bringen und die Knödel einlegen. Hitze reduzieren und die Knödel im heißen Wasser etwa 12 Minuten ziehen lassen. Währenddessen
150 g Butter	in einem kleinen Töpfchen zerlassen.
100 g Mandelblättchen	zugeben und langsam bräunen. Knödel aus dem Wasser nehmen, abtropfen lassen, mit der braunen Mandelbutter übergießen und servieren.

> Dazu schmeckt ein Spätburgunder-Rotwein, z.B. ein Assmannshäuser vom Schloss Johannisberg in Geisenheim.

Kartoffelstampf

1 kg mehlig kochende Kartoffeln	schälen, würfeln und in Salzwasser garen, dann abschütten und ausdampfen lassen.
200 ml Sahne	und
2 EL Butter	in einem geeigneten Topf erwärmen. Die noch heißen Kartoffeln durch eine Kartoffelpresse in die heiße Sahne-Butter drücken und gut verrühren. Mit
Salz	
Muskat (frisch gerieben)	abschmecken und warm stellen.

Kürbisrisotto mit karamellisierten Kürbiskernen

200 g Hokkaido-Kürbis	waschen und entkernen, nicht schälen. Die Hälfte des Kürbis für die Einlage in gleichmäßige sehr feine Würfel schneiden und zur Seite stellen. Die andere Hälfte grob würfeln und in
400 ml Geflügel- oder Gemüsebrühe (Rezepte ab S. 14)	weich köcheln, mit dem Mixstab pürieren und zur Seite stellen.
2 EL Olivenöl	in einem flachen Topf erhitzen.
1 kleine Zwiebel	und
1 Knoblauchzehe	pellen und fein würfeln. Zusammen mit
300 g Risotto-Reis (z.B. Carnaroli)	farblos anschwitzen. Mit
90 ml Weißwein (trocken)	ablöschen.
1 Lorbeerblatt	zufügen und nach und nach mit
500 ml Geflügel- oder Gemüsebrühe (Rezepte ab S. 14)	unter ständigem Rühren immer wieder auffüllen, bis alles aufgebraucht ist. Dann die vorbereitete Kürbisbrühe nach und nach zugeben, bis der Reis fast die richtige bissfeste Konsistenz hat. Jetzt die Kürbiswürfel zufügen und weiter rühren.
30 g Parmesan	hobeln. Den Käse sowie
40 g kalte Butter	
50 ml Sahne	zugeben und glatt rühren. Mit
Salz, Pfeffer (frisch gemahlen)	abschmecken und auf Teller verteilen. Mit
karamellisierte Kürbiskerne (Rezept S. 167)	servieren.

Risotto soll leicht breiig sein.

Risotto mit Feige und Kürbis

Kürbishof Müller in Langgöns

Künstlerevent »Fluss mit Flair«, Gießen

Basketball Bundesliga Gießen 46er

Schwere Bälle – der Kugelbrunnen in Gießen

Soufflé vom Semmelknödel

200 ml Milch	aufkochen.
250 g altbackenes Weißbrot	in feine Würfel schneiden, in eine große Schüssel geben und mit der Milch übergießen.
30 g Speck (nach Belieben)	und
30 g Zwiebeln	in feinste Würfel schneiden und in
1 TL Butter	anschwitzen, zur Brot-Milch-Mischung geben.
1 TL frische Petersilie	fein hacken und ebenfalls zugeben.
20 g Mehl	und
2 Eigelbe	beifügen und die Masse kräftig durchkneten. Dann mit
Salz, Pfeffer (frisch gemahlen)	
Muskatnuss	abschmecken. Auflaufförmchen (je nach Größe 6 bis 10) mit
Butter	ausstreichen und mit
Paniermehl	ausstreuen. Nun
2 Eiweiß	mit
je 1 Prise Salz, Zucker	steif schlagen und vorsichtig unter die Brotmasse heben. Die Masse in die vorbereiteten Auflaufförmchen füllen. Bei 180 °C im Wasserbad im Heißluftofen etwa 12 Minuten backen. Entnehmen, stürzen und sofort servieren.

Wenn man »normale« Semmelknödel möchte, braucht man keinen extra Eischnee schlagen, sondern kann die Eier im Ganzen in die Masse geben und die Knödel einfach rund abdrehen.

Risotto von heimischem Wiesenbärlauch und Spargel

Julia Pantano-Buß, gusto.cc, Pohlheim

600 ml Geflügel- oder Gemüsebrühe (Rezepte ab S. 14)	bereitstellen.
100 g Bärlauch (frisch)	putzen, waschen und gut trockenschleudern.
150 g weißer Spargel (frisch)	schälen, schräg in 1 cm breite Stücke schneiden und alles zur Seite stellen.
3 Schalotten	in feine Würfel schneiden und bei mittlerer Hitze in
2 EL Olivenöl	glasig dünsten.
200 g Risottoreis (z.B. Carnaroli oder Arborio)	zugeben, glasig dünsten und mit
80 ml Weißwein	ablöschen. Unter Rühren den Wein fast völlig vom Reis aufnehmen lassen. Etwa ein Drittel der heißen Brühe auffüllen und unter Rühren wieder fast völlig vom Reis aufnehmen lassen. Diesen Vorgang noch zwei Mal wiederholen, bis die Brühe bis auf etwa 70 ml verbraucht ist. Wenn der Reis etwa 10 Minuten im Topf ist, den geschnittenen Spargel zugeben und immer wieder rühren, damit der Reis nicht ansetzt. Nebenbei die restliche Brühe und die Hälfte des Bärlauchs in einem Mixbecher fein pürieren. Die andere Hälfte des Bärlauchs grob schneiden. Risotto mit
Salz, Pfeffer (frisch gemahlen)	würzen. Wenn der Reis den richtigen Biss hat, das Bärlauchpüree und die Bärlauchblätter unterheben und nur noch kurz umrühren. Zum Schluss
1 EL Butter	
100 ml Schlagsahne	
30 g Parmesan (frisch gerieben)	unterrühren und nochmals mit Salz, Pfeffer und
Chili (aus der Mühle)	sowie mit dem Saft von
½ Zitrone	abschmecken und sofort servieren.

Frühlingsstimmung

In der Wetteraue bei Lich

Morgenstimmung am Garbenteicher Weiher

»Gemoangte« – lauwarmer Kartoffel-Kraut-Salat

Christiane Buß, Berlin

1 kg kleine, festkochende Kartoffeln	mit der Schale in einem passenden Topf mit Wasser aufsetzen.
1 TL Kümmel	
1 EL Salz	zufügen und die Kartoffeln gar kochen. Währenddessen
1 mittelgroßer Kopf Weißkraut (optimal: junges Kraut)	sehr fein schneiden oder hobeln.
1 mittelgroße Zwiebel	in feine Würfel schneiden und in einem breiten Topf in
1 EL Butterschmalz	glasig schwitzen. Das Weißkraut zufügen.
1 EL Rohrzucker	darüberstreuen und bei mittlerer Hitze farblos anschwitzen. Mit
20 ml Balsamico-Essig (hell)	ablöschen.
1 Prise Salz	zufügen und bei geschlossenem Deckel unter gelegentlichem Rühren bissfest dünsten. Inzwischen die gegarten Kartoffeln pellen und in feine Scheiben schneiden. Mit
Salz, Pfeffer (frisch gemahlen) Zucker	würzen.
10 ml Balsamico-Essig (hell)	und
40 ml Öl	zufügen und umrühren. Das fertige Kraut ohne die Flüssigkeit unterheben und das Ganze nochmals mit den genannten Gewürzen abschmecken. Als Topping
100 g feine Speckwürfel	in einer Pfanne in
1 TL Butter	bei milder Hitze ausbraten, feine Würfel von
1 rote Zwiebel	und feine Ringe von
2 Frühlingszwiebeln	zum Speck geben und nur noch 30 Sekunden mitschwitzen. Auf dem Salat servieren.

> Dazu passen wunderbar ausgebratene rote Mettwurst und frische Dickmilch.

Kletterwald am Schiffenberg mit Blick in den Himmel

Blick auf den Dünsberg

»Irren im Mais« – Irrgarten bei Lich-Eberstadt

Handgreiflichkeiten – Fingerfood

Als Fingerfood oder Tapas erleben kleine, raffiniert gemachte Snacks augenblicklich einen regelrechten internationalen Boom. Ob als Vorspeise, zum Empfang oder einfach zwischendurch. Der Reiz, viele verschiedene kleine Geschmackserlebnisse zu haben, fasziniert die Gäste. Dass unsere Region sich nicht zu verstecken braucht, sehen wir an den folgenden raffinierten Rezepturen kleiner mundgerechter hessischer »Handgreiflichkeiten«.

Mousse vom Räucherlachs mit Sahnemeerrettich

1,5 Blatt Gelatine	in kaltem Wasser einweichen.
2 EL Wermut (z.B. Noilly Prat)	mit
2 EL Weißwein (trocken)	
170 ml Sahne	einmal aufkochen und auf etwa 60 °C abkühlen lassen. Gelatine gut ausdrücken und in der warmen Flüssigkeit auflösen.
150 g Räucherlachs (alternativ: geräucherte Forelle oder Aal)	zusammen mit der Flüssigkeit in einer Küchenmaschine fein zerkleinern und kalt stellen. Zwischenzeitlich
100 ml Sahne	steif schlagen. Sobald die Fischmasse im Kühlschrank fest geworden ist, vorsichtig die geschlagene Sahne unterheben und die Masse mit
Pfeffer aus der Mühle	abschmecken. Dann mit einem Spritzbeutel und der Sterntülle in vorbereitete Gläser spritzen und kühlen. Zum Ausgarnieren
100 ml Sahne	steif schlagen, mit
1 TL Meerrettich	mischen und auf die Gläschen geben. Mit
4 Dillzweige	garnieren.

> Entscheiden Sie sich am besten für geräucherte Forelle oder Aal, die Sie beim Fischzuchtbetrieb vor Ort erhalten. Ich empfehle dazu einen leichten Weißwein aus dem Rheingau, beispielsweise einen Kloster Eberbach Neroberg, Eltville.

Lahn »Dinner in the sky«   **Lahnperle**   **Biergarten an der Lahn**

Handkäs'-Schmand-Terrine im Glas mit Apfelvinaigrette

Handkäs' ist nicht jedermanns Sache. Hier ein mildes Rezept zum Kennenlernen.

Handkäs'-Schmand-Terrine

200 g Handkäse mit Kümmel	in 1 cm große Stücke würfeln und mit
2 EL Öl	vermischen, damit der Handkäse nicht zusammenklebt.
3 Blatt Gelatine	in kaltem Wasser einweichen.
50 g Zwiebeln, 50 g Äpfel	und
40 g Paprikaschoten (rot und grün)	jeweils putzen und in feine Würfel schneiden. In
1 EL Öl	in einer Pfanne kurz andünsten und etwas abkühlen lassen. Die eingeweichte Gelatine gut ausdrücken und in der noch warmen Pfanne auflösen.
200 g Schmand	
120 g Quark	
1 Msp. Chilipulver	
1 Prise Salz	mischen, abschmecken, zum Handkäse geben und gut durchmischen. Die Gemüse-Gelatine-Mischung unter schnellem Rühren hinzufügen. Alles zügig in vorbereitete Mini-Gläschen abfüllen und im Kühlschrank erkalten lassen.

Apfelvinaigrette

50 ml Apfelwein	
25 ml Essig	
20 ml Sonnenblumenöl	und
1 TL Zucker	
1 TL Dijonsenf	
10 g Ingwer (frisch)	
je 1 Prise Salz, Pfeffer	zu einem Salatdressing verrühren und abschmecken. Von
½ roter Apfel	das Kerngehäuse entfernen und ungeschält in feine Würfel schneiden.
3 Schnittlauch-Stängel	ebenfalls ganz fein schneiden und gemeinsam mit den Apfelwürfeln zur Vinaigrette geben. Die Vinaigrette auf der erkalteten Handkäseterrine anrichten und mit
Chilifäden	und
Pfeffer aus der Mühle	servieren.

> Hierzu passt hervorragend ein echtes »Stöffche aus dem Geribbten«, ein Apfelwein im Apfelweinglas.

Handkäs' met Musik

»Kerle Mensch, mechste dei Küchedier zou, der Gestoank zeggt oahm joa die Strimp aus!«

So oder so ähnlich spielen sich in so manchem Haushalt Szenen ab, bei denen zwei kulinarische Weltanschauungen aufeinander prallen. Die einen lieben und vergöttern ihn, die anderen verteufeln ihn – den Handkäs' … Urhesse mit langer Tradition und kaum wegzudenken aus der Eingeborenen-Küche. Schon im Jahr 1813 soll er in Groß-Gerau von einer Bäuerin Namens »Kaul« erfunden und erstmalig schriftlich erwähnt worden sein. Sie verkaufte den mit der Hand geformten Käse als sogenannte »Handkäse« mit großem Erfolg auf dem Mainzer Markt, woraus sich später auch der weitere Name »Mainzer Handkäse« ableitete.

Grund des Familienzwistes? Sein Geruch, der Menschen mit empfindlicher Nase oftmals in die Flucht geschlagen hat. Dabei schmeckt der Sauermilchkäse bei weitem nicht so streng, wie er olfaktorisch wahrgenommen wird. Gerade bei »Kindelein, liebreizender Maid und holder Frowelein« kam und kommt er oftmals aufgrund seines Hautgouts nicht gut an, wie empirisch nicht belegbare Studien vermuten lassen.

Oder liegt's vielleicht an der Musik? Sind also Handkäs-Hasser per se unmusikalisch? Mitnichten! Bei der »Musik« handelt es sich um ein Dressing, bestehend aus Essig, Öl, grobem Pfeffer, manchmal Äpfeln und vor allem Zwiebeln; viiiiele Zwiebeln. Und die seien dafür verantwortlich, dass es aufgrund lauter Verdauungsgeräusche zur »Musik« kommt, so sagt der Volksmund. Da der »Harzer«, wie er in Nordhessen auch genannt wird, somit gleich zweimal stinkt, stellt sich die Frage, welcher Geruch der angenehmere ist? Trotz seiner polarisierenden Duftnote hat es der Stinker in die Gourmet- und Sterneküchen von beispielsweise Johann Lafer, Juan Amador, Mario Lohninger, André Großfeld oder Mirko Reeh geschafft. Letzterer hat ihm sogar zwei komplette Bücher gewidmet. Selbst die EU hat es mit ihrer manchmal sehr langen Leitung geschafft, dieses hessische Kulturgut in den Adelsstand zu erheben: Seit

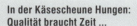
In der Käsescheune Hungen: Qualität braucht Zeit …

… Käseschmankerl

… Shop

Die Käsetheke, Käsescheune Hungen

Was aus einem Münsterländer alles werden kann: Sternekoch André Großfeld in der Hungener Käsescheune

dem Jahr 2010 ist der »Hessischer Handkäs« nämlich als sogenannte geschützte geografische Angabe (g.g.A.) eingetragen und somit EU-weit geschützt.
Also muss an dem »Bobbelsche« doch was dran sein, was ihn so unwiderstehlich macht. Ich vertrete die These: wer ihn einmal »richtig« probiert hat, der wird unweigerlich zum Wiederholungstäter. Hier im Buch finden Sie einige Rezepte, die sich zum langsamen Herantasten an den »Quargel« eignen. Probieren Sie doch beispielsweise die Handkäs'-Schmand-Terrine im Glas mit Apfelvinaigrette (Rezept Seite 63). Generell aber sei Handkäs'-Novizen empfohlen, mit noch relativ jungen Käsen zu beginnen. Denn je älter der Käse wird, desto würziger und strenger schmeckt er. Erst mit der Zeit lernt man dieses Zitat schätzen: »Mit den Menschen ist es wie mit dem Wein oder dem Käse. Je älter und reifer, desto besser.«
Als Faustregel kann man etwa von diesen Reifegraden ausgehen:
– Drei Wochen vor Ablauf des Mindesthaltbarkeitsdatums –
  quarkiger weißer Kern, noch sehr mild
– Zwei Wochen vor Ablauf des Mindesthaltbarkeitsdatums –
  klassische Reife, mildes Aroma
– Eine Woche vor Ablauf des Mindesthaltbarkeitsdatums –
  volle Reife, herzhaft, für »Hartgesottene«.
Und welches Getränk könnte besser zum Handkäs' passen, als ein urtümlicher Äbbelwoi im »Geribbte« (Spezialglas für Apfelwein). Aber es eignen sich auch kräftige kühle Weißweine, wie zum Beispiel ein Rheingauer Riesling. Je nach Rezept passt aber auch ein kühles Licher Bier dazu. Wer weitergehende Lektüre sucht, findet in den beiden Büchern von Mirko Reeh »Handkäse Deluxe« empfehlenswerte Rezepte. Neugierig geworden? Auch die Produktion kann man ganz in der Nähe besichtigen. Nur weniger Kilometer von Gießen, in Hüttenberg (Ortsteil Hochelheim), findet man die Käserei Birkenstock, die schon seit 1959 nach alter Rezeptur die Handkäse produziert und sogar mittlerweile bis in die USA liefert.

Handgreiflichkeiten – Fingerfood

Käseherstellung in der Schaukäserei Hungen

Der Käsemeister bei der Arbeit

Pferd mit Schneenase

Hüttenberger Schneegestöber

Hüttenberger Handkäs' ist weit und breit in Hessen bekannt und beliebt. Hier ist unsere abgewandelte regionale kulinarische Antwort auf das »Sachsenhäuser Schneegestöber« oder den bayerischen »Obatzda«, die für ähnliche Rezepturen allerdings Camembert verwenden.

400 g Handkäs' (mit oder ohne Kümmel, je nach Geschmack)	sehr fein würfeln und mit
1 TL Dijonsenf	
2 EL handwarme Butter	in einem Küchenmixer kurz klein pürieren.
400 g Speisequark (40 % Fett) oder Frischkäse	unterheben.
30 g rote Zwiebeln	schälen und in feine Würfel schneiden,
50 g rotbackiger Apfel	entkernen und mit Schale fein würfeln.
10 Schnittlauch-Stängel	in feine Ringe schneiden und alle Zutaten zum Handkäs' geben. Mit
Apfelessig	und
Pfeffer (frisch gemahlen)	zu einer glatten Masse verrühren und abschmecken. Kegelförmig auf einem Teller anrichten.
4 Radieschen	in Scheiben schneiden und als Garnitur verwenden.

Dazu passen prima frische Laugenbrezeln oder frisches Backhausbrot. Die »Eingeborenen« bevorzugen dazu einen herben Apfelwein oder auch gerne ein urtypisches Bier.

Mini-Ahle-Wurscht-Küchlein

Hessisches Tapa, schnell in der Muffinform gebacken

	6 Muffinförmchen mit
1 EL Butter	gut ausbuttern und zur Seite stellen oder alternativ Papierförmchen verwenden.
400 g festkochende Kartoffeln	schälen, in grobe Streifen schneiden und gut abtrocknen. Dann in einer Pfanne bei mittlerer Hitze in reichlich Rapsöl schwimmend mit Biss garen. Dabei aufpassen, dass die Kartoffeln nicht bräunen. Kartoffeln entnehmen und auf einem Küchenkrepp abtropfen lassen.
50 g Lauch	
1 Knoblauchzehe	
100 g frischer Spargel (oder Hokkaido-Kürbis)	putzen, waschen und in feine Streifen schneiden.
80 g Ahle Wurscht (oder Räucherlachs)	in feine Streifen schneiden und zusammen mit dem Lauch, dem Spargel und dem Knoblauch im noch heißen Öl kurz garen. Entnehmen und auf einem Küchenkrepp abtropfen lassen. Nun mit den Kartoffeln gründlich mischen, mit
Meersalz (grob)	und
Pfeffer (frisch gemahlen)	würzen und gleichmäßig auf die Muffinförmchen verteilen.
4 Eier	mit
4 EL Sahne	kräftig verrühren und mit etwas
Muskatnuss	würzen. Eiermasse in die Förmchen geben und im vorgeheizten Ofen bei 160 °C etwa 15 Minuten backen. Die Eiermasse muss fest werden. Förmchen aus dem Ofen nehmen und kurz ruhen lassen. Dann vorsichtig mit einem Messer lösen und noch handwarm servieren. Dazu passt wunderbar ein
Pesto (Rezepte ab S. 130)	

> Genießen Sie dazu ein frisch gezapftes Weizenbier.

Bio-Freilandrind

Strohernte in Fellingshausen

Ernte

Tatar vom Hüttenberger Handkäs' auf gerösteten Brezelknödelscheiben

Brezelknödel

250 g Laugenbrezeln	in feine Würfel schneiden, in
50 g Butter	in einer Pfanne kurz anrösten und zur Seite stellen.
1 kleine Zwiebel	schälen, in feine Würfel schneiden. In
1 TL Butter	glasig dünsten, mit
100 ml Buttermilch	ablöschen und zu den Brezeln geben. Leicht abkühlen lassen. Nun
1 Ei	zugeben,
8 Schnittlauch-Stängel	waschen, sehr fein schneiden, zufügen und mit
Salz, Pfeffer (frisch gemahlen)	
Muskatnuss	würzen. Alles gut miteinander verkneten und abschmecken. Die Masse in einem sauberen Küchentuch zu einer 4 cm dicken Rolle formen, stramm aufwickeln, die Enden dabei zubinden und die Rolle in kochendes Salzwasser geben. Bei reduzierter Hitze etwa 30 Minuten langsam ziehen lassen. Knödelrolle entnehmen und im Kühlschrank erkalten lassen.

Hüttenberger Museum in Linden-Leihgestern

»Des Bembelsche met d'm Geribbte«

Handgreiflichkeiten – Fingerfood

Herzenhaus (erbaut 1691) in Langgöns-Oberkleen   Ohly´sches Haus (erbaut 1620) in Langgöns-Niederkleen

Handkäs'-Tatar

200 g Handkäse mit oder ohne Kümmel (je nach Geschmack)	fein würfeln und mit
2 EL Walnussöl	vermischen.
50 g rote Zwiebeln	schälen und in feinste Würfel schneiden.
50 g rotbackiger Apfel	mit der Schale in feinste Würfel schneiden und zusammen mit den Zwiebeln in
1 TL Öl	glasig schwitzen. Mit
50 ml Apfelwein	ablöschen.
1 kleine saure Gurke	in feinste Würfel schneiden.
8 Schnittlauch-Stängel	waschen, sehr fein schneiden und alles zum Handkäse geben. Gut durchrühren. Danach mit
1 TL Zucker	
25 ml Essig	
1 TL Dijonsenf	
je 1 Prise Salz, Pfeffer	abschmecken.

Fertigstellung

	Die Knödelrolle auspacken und in etwa 5 mm starke Scheiben schneiden. Anschließend in
2 – 3 EL Butter	in einer beschichteten Pfanne leicht anbraten. Mit einem Löffel den Handkäse darauf platzieren und mit
Blattpetersilie	garnieren.

Wieseck, Blick zu Gleiberg und Vetzberg

Hackbällchen von Streuobstwiesen-Pflaumen mit Walnuss-Röster

150 g Schweinemett	und
150 g Rinderhack	in eine Schüssel geben und gut vermischen.
½ altbackenes Brötchen	klein schneiden und in Wasser einweichen.
1 mittelgroße Zwiebel	
1 Knoblauchzehe	schälen und in feine Würfel schneiden.
1 Thymianzweig	waschen und zupfen.
6 frische Pflaumen	entkernen und in feine Streifen schneiden. Das Fleisch nun zusammen mit dem gut ausgedrückten Brötchen, den anderen Zutaten und
1 Ei	vermischen, bis eine homogene Masse entsteht. Mit
Meersalz (grob)	
Pfeffer (frisch gemahlen)	abschmecken und zu kleinen mundgerechten Kugeln formen. Die Kugeln bei mittlerer Hitze in etwas
Olivenöl	langsam gleichmäßig anbraten. Dann entnehmen und warm stellen. Überschüssiges Fett aus der Pfanne abgießen und den Bratensatz mit
50 ml Portwein	ablöschen.

Handgreiflichkeiten – Fingerfood

100 ml Fleisch- oder Gemüsebrühe (Rezepte ab S. 14)	auffüllen, die Hackbällchen in die Flüssigkeit legen und etwa 5 Minuten zugedeckt langsam gar ziehen lassen. Zwischenzeitlich die Gremolata herstellen:

Walnuss-Röster (Gremolata)

2 EL Walnusskerne (oder Kürbiskerne)	mittelfein hacken, in einer fettlosen Teflonpfanne kurz anrösten und auskühlen lassen. Die Schale von
1 Bio-Orange (ungespritzt)	mit einer Raspel hauchdünn entfernen und zu den gerösteten Nüssen geben.
3 – 4 größere Zweige Blattpetersilie	waschen, abtrocknen, zupfen und hacken. Ebenfalls zu den Nüssen geben. Die fertigen Hackbällchen auf kleine Spieße stecken und mit der Gremolata bestreuen.

> Hierzu kann man nur empfehlen: den legendären Apfel-Sherry von Jürgen Krenzer aus der Rhön.

Großen Buseck Richtung Rödgen

Ahle-Wurscht-Burger

Regionale Handgreiflichkeit von Küchenmeister Nico Groth

**Laugenkastanien/
Laugenbrötchen
(ergibt ca. 30 Stück)**

125 ml dunkles Weizenbier	auf etwa 30 °C erwärmen.
10 g frische Hefe	und
1 TL Honig	darin auflösen.
250 g Mehl (Type 550)	mit
½ TL Salz	vermischen und in ein Rührgerät geben. Unter Rühren die Flüssigkeit aufgießen und mit
1 EL Butter (zimmerwarm)	bei langsamer Geschwindigkeit zu einem glatten Teig verarbeiten. Den Teig in eine bemehlte Schüssel geben und zugedeckt an einem warmen Ort etwa 1 Stunde gehen lassen. Zwischenzeitlich den Backofen auf 200 °C vorheizen. Aus dem Teig 4 gleich lange Rollen formen. Die Teigrollen 10 Minuten in die Tiefkühltruhe stellen. Inzwischen

Die Oberstadt von Lich

Handgreiflichkeiten – Fingerfood | 73

Außenansicht der Licher Brauerei

Licher Heißluftballon

»O'zapft is« beim Licher Brauereifest.

500 ml Wasser	aufkochen und
3 TL Natron (ca. 15 g)	einrühren. In eine Auflaufform gießen und auf Körpertemperatur abkühlen lassen. Die Teigrollen nach und nach jeweils 30 bis 45 Sekunden in die Natronlösung tauchen. Darauf achten, dass alle Seiten benetzt werden. Mit dem Sieblöffel auf ein Abtropfgitter legen. Wenn alle Teigrollen benetzt sind, mit einer Mischung aus
5 EL Mohn	und
5 EL Sesam (alternativ: grobes Meersalz und/oder Kümmel)	bestreuen und dann jede Rolle mit einer Küchenschere oder mit einem Teigschaber in 10 gleich große Stücke teilen. Auf einem mit Backpapier ausgelegten Backblech bei 200 °C etwa 15 Minuten backen.

Fertigstellung

50 g Grüne-Sauce-Kräuterbutter (Rezept S. 134)	8 Laugenkastanien halbieren und aufklappen. Die 16 Hälften mit bestreichen.
24 dünne Scheiben Ahle Wurscht	auf die 8 Bodenhälften der Brötchen legen. Darauf
8 halbe Cocktailtomaten	legen und mit dünnen Streifen von
1 kleine rote Zwiebel	und dünnen Scheiben von
4 Radieschen	belegen. Mit
Salz, Pfeffer (frisch gemahlen)	würzen. Zuletzt die Spitzen von
16 Schnittlauch-Stängel	darauflegen und dann die Deckel der Brötchen mit einem Zahnstocher als »Hut« fixieren.

Die kleinen Laugenbrötchen können auch beim Bäcker gekauft werden, es werden nur acht Stück für die Burger benötigt. Man kann auch normale Kräuterbutter verwenden. Zu den Burgern passt ein Licher Weizenbier.

Fischgerichte

Um frischen Fisch aus der Region zu bekommen, kann man zunächst einmal selbst angeln gehen, Angelschein vorausgesetzt. Eine völlig neue Erfahrung für Ungeübte, die sich in diesem Fall einem Profi anvertrauen sollten. Man kann aber auch den Fischhändler des Vertrauens bemühen. Hecht, Waller und Zander aus der Lahn gibt es beispielsweise in der Nähe von Limburg und Weilburg. Wem das zu weit ist, der kann auch ganz einfach bei einer der vielen Forellenzuchten vorstellig werden oder eine passende Alternative aus der Wetterfelder Fischzucht aussuchen. Ein Erlebnis übrigens auch für Kinder.

Forellen-Maultaschen in Riesling Sahnesauce

In Gedenken an Küchenmeister Horst Wetterau, Dautphetal († 2009)

Forellenmasse

200 g frischer Blattspinat	in kochendem Salzwasser etwa 30 Sekunden blanchieren und eiskalt abschrecken, zur Seite stellen.
2 frische Forellen à 400 g (oder 4 schöne frische Forellenfilets)	sauber filetieren, von allen Gräten befreien und mit
Salz, Pfeffer (frisch gemahlen)	würzen. Karkassen (Gräten) für die Herstellung eines Fischfonds ggfs. aufheben und kühlen. Die Filets mit
2 Eiweiße	in einem Mixer pürieren und die Masse sofort kalt stellen. Währenddessen
300 ml Sahne	schlagen. Wenn die Masse gut durchgekühlt ist, nach und nach die Sahne vorsichtig unterheben.

Brücke – Am Schwanenteich, Gießen

Fischgerichte | 75

Gießen, Alter Friedhof

Neuer Bahnhofsvorplatz in Gießen

300 g Nudelteig (Rezept S. 20)	bereitstellen. Den Nudelteig ausrollen und mit einem runden Ausstecher (Ø 6 bis 8 cm) kleine Kreise ausstechen. Die Ränder mit etwas Wasser leicht anfeuchten. Übrig gebliebene Teigreste wieder dünn ausrollen, so dass keine Reste bleiben. Auf die Teigkreise jeweils ein schönes Spinatblatt legen und einen Löffel Forellenmasse auflegen. Mit einem weiteren Teigkreis bedecken. Die Seiten fest verschließen und zusammendrücken. Die Maultaschen in gesalzenem Wasser etwa 10 bis 12 Minuten vorsichtig gar ziehen lassen.

Rieslingsauce

2 Tomaten (für die Garnitur)	Den Strunk entfernen und die Haut über Kreuz einschneiden. Etwa 30 Sekunden in kochendem Salzwasser blanchieren, bis sich die Haut abziehen lässt. Das Tomatenfleisch klein würfeln (=tomates concassées) und zur Seite stellen.
100 g Butter	in kleine Würfel schneiden und kalt stellen.
250 ml Fischfond	mit
100 ml Weißwein (Riesling)	und
250 ml Sahne	aufkochen und auf etwa 350 ml reduzieren. Mit
Salz, Pfeffer (frisch gemahlen)	abschmecken. Butterstückchen ganz schnell mit dem Mixstab unter die Sauce pürieren und die Tomatenstücke zugeben. Dann auf die angerichteten Maultaschen geben. Je nach Wunsch mit
Dill (geschnitten) und/oder Dijonsenf	verfeinern und mit
4 Dillzweige	garnieren.

> Dazu passt hervorragend ein trockener Riesling »Magic Mountain« vom Weingut Leitz, Rüdesheim.

Blick vom Vetzberg auf Biebertal

Spinatravioli vom Lahnhecht mit Salbeibutter

Kräuterpesto

2 Schalotten	schälen und fein würfeln.
1 Bund Basilikum	zupfen, waschen, trockenschleudern. Beides mit
1 EL Zitronensaft	
4 EL Sahne	
1 EL Olivenöl	und
Salz, Pfeffer (frisch gemahlen)	im Mörser zu einem Pesto fein zerstoßen oder in einer Küchenmaschine pürieren und abschmecken.

Spinatravioli

350 g frisches Hechtfilet	in kleine Würfel schneiden und kühlen.
300 g grün gefärbter Nudelteig (Rezept S. 20)	mit der Nudelmaschine sehr dünn ausrollen, kleine Kreise ausstechen. Die Ränder mit etwas Wasser leicht anfeuchten. Übrige Teigreste wieder dünn ausrollen, so dass keine Reste bleiben. Auf die Hälfte der Teigkreise jeweils ein wenig Kräuterpesto aufpinseln. Den gewürfelten Hecht mit

Fischgerichte | 77

1 EL Zitronensaft	
1 EL Olivenöl	und
Salz, Pfeffer (frisch gemahlen)	vermischen und jeweils ½ Teelöffel auf die bestrichenen Teigkreise setzen. Die unbestrichenen Teigkreise aufsetzen und die Ränder mit einem Raviolistempel oder einer Gabel gut zudrücken. Die Ravioli in gesalzenem Wasser 10 bis 12 Minuten vorsichtig gar ziehen lassen.

Salbeibutter

50 g rote Mangoldblätter oder Rote-Bete-Blätter	putzen, waschen und trockenschleudern.
2 Schalotten	schälen, fein würfeln.
6 frische Salbeiblätter	fein hacken.
100 g Butter	zerlassen. Schalotten, Salbei und fast alle Mangoldblätter in der Butter glasieren. Ravioli anrichten und mit der Salbeibutter überziehen. Die restlichen Mangoldblätter darauf verteilen und sofort servieren.

> Dazu ein trockener Riesling vom Weingut Leitz, Rüdesheim:
> Rüdesheimer Berg Roseneck.

Luftaufnahme Wettenberg und Biebertal

Die Kapaune – 15 kastrierte Masthähne?

Wenn man nach einem geeigneten Namen für einen Männer-Stammtisch im besten Alter sucht, der sich dem Genuss verschrieben hat, kommt einem die Bezeichnung »Kapaun« bestimmt nicht sofort in den Sinn. Handelt es sich doch bei dem Federvieh um einen kastrierten Masthahn, der alles andere darstellt, als vor Manneskraft zu strotzen.

Trotzdem entschieden sich im Jahr 1976 zehn Sänger des Gesangvereins Jugendfreund in Pohlheim ihren Gourmet-Stammtisch nach der in Frankreich als »Chapon« (Kapaun) benannten Delikatesse zu benennen. Der Grund dafür war, dass an einer ihrer Tafeln alle Geflügelarten aufgetischt waren, nur noch ein Kapaun fehlte …

Als »Chapon de Bresse« (Rezept Seite 104) wird er in der berühmten Geflügelzuchtregion und von vielen Sterneköchen auch als »das Beste vom Besten« bezeichnet. So kann man als Kapaun doch zu Recht stolz sein, denn nur sorgfältig ausgewählte Exemplare dürfen diesen Namen tragen. Da stimmt der Vergleich mit den Gourmets offenbar wieder. Denn auch hier wurden mögliche Aspiranten handverlesen ausgesucht und die Zahl auf maximal 15 Mitglieder beschränkt, allesamt Sänger im gleichen Gesangverein und bis heute aktiv. Ob deren Haut allerdings (noch immer) mit der Zartheit, Saftigkeit und mit dem perlmuttfarbenen Glanz ihres Wappenvogels konkurrieren kann, bleibt offen. Immerhin feiert das Clübchen in diesem Jahr sein 40-jähriges Bestehen. Unvergessen bleiben so manche beschwingte Abende und Schlachtfeste im Stammlokal »Zur Krone«, mit dem Wirtsehepaar Ernst und Hilde Buß, die jederzeit Unterstützung leisteten. »Hackfleisch ess' ich gern« und »Unterm Tisch geht's rund« sind nur zwei Anekdoten aus der Vergangenheit, die die »Mastgiggel« gerne wiedergeben.

Nach 40 Jahren kann man auf Hausschlachtungen, Wanderungen, Ausflüge, Feste, Frühschoppen mit Blasmusik und Stammtischrunden zurückblicken.

Und überhaupt, neben dem Genuss und der Freude am Leben geht es den Kapaunen vor allem um das Lied und die Musik. Wen wundert es da, dass die Festivitäten und Reisen allesamt vom Schifferklavier und Gesang begleitet werden. Dazu hat man extra eine eigene Kapaunehymne komponiert, die immer für gute Stimmung sorgt.

Vom Ältesten, Ortwin Keil, mit 76 Jahren, bis zum Jüngsten, Joachim Seipp, mit 60 Jahren, haben alle »mit Rückgrat und Biss« aktiv die Geschicke des Gesangvereins mitgestaltet. Neben einigen Vorstandsämtern stellten die Kapaune in den vergangenen Jahrzehnten sogar drei 1. Vorsitzende. Zum 25-jährigen Jubiläum vor 15 Jahren spendete der Stammtisch dem Gesangverein noch dazu ein nagelneues Klavier. Weitere Mitglieder sind: Werner Jung, Günther Hoffmann, Josef Lhotak, Werner Punzert, Reiner Burger, Gerfried Krale, Rainer Punzert, Manfred Dechert, Wolfgang Schäfer, Roland Seipp, Reiner Hirz, Klaus-Peter Burger und Joachim »Johny« Ensle. Die Kapaune – wahrlich keine kastrierten Masthähne, aber mit geschwellter Brust die Besten vom Besten! Man kann sie nicht beschreiben, man muss sie einfach erleben.

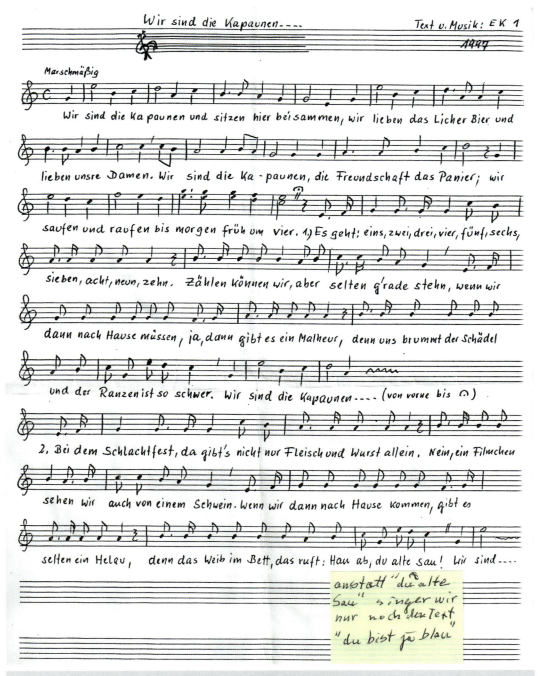

»Wir sind die Kapaune!« Das eigene Liedgut, immer wieder zum Feiern gesungen

Fischgerichte

Europäischer Wels

Annika Lierz mit Spiegelkarpfen

Gratiniertes Welsfilet mit Rote Bete und Pastinakenpüree

Michael Amend, Küchenchef im Best Western Hotel Steinsgarten, Gießen

Pastinakenpüree

4 – 6 mittelgroße Pastinaken	schälen, in Salzwasser weich kochen, abgießen und mit einer Kartoffelpresse zerdrücken. Mit
ca. 100 ml Sahne	zu einem Püree glatt rühren. Mit
Meersalz, Pfeffer (frisch gemahlen)	
Knoblauch	und
Muskatnuss	abschmecken und dann warm stellen.
3 frische Rote Bete	ungeschält mit
1 Lorbeerblatt	
5 Wacholderbeeren	und
1 TL Kümmel	weich kochen, dann abschrecken und schälen (Einmalhandschuhe tragen). Danach in gleichmäßige Würfel schneiden und zur Seite stellen.

Fischgerichte | 81

gratinierte Welsfilets

8 mittelgroße Welsfilets	bei Bedarf entgräten und Bauchlappen wegschneiden. Mit
2 EL Zitronensaft	und
Meersalz (grob)	würzen und einige Minuten ziehen lassen. Dann leicht in
100 g Mehl	wenden und abklopfen.
50 g Butterschmalz	in einer Pfanne erhitzen und die Filets bei mittlerer Hitze goldgelb braten. Warm stellen. Für das Gratin
1 kleines Bund Blattpetersilie	putzen und fein hacken. Zusammen mit
250 g Sahnemeerrettich (Glas)	
2 Eigelbe	und
Semmelbrösel	je nach Konsistenz zu einer streichfähigen Paste verarbeiten und auf die Welsfilets gleichmäßig aufstreichen. Unter dem Grill überbacken bis sie schön goldgelb sind. Inzwischen
2 große Zwiebeln	schälen, in feine Scheiben hobeln und in
ca. 100 g Mehl	gründlich mehlieren.

Fertigstellung

	eine Fritteuse bereitstellen oder einen ausreichend großen Topf mit heißem Fett.
200 g brauner Zucker	mit
1 EL Butter	in einer Pfanne schmelzen. Rote-Bete-Würfel darin schwenken, bis der Zucker karamellisiert ist. Die Zwiebeln nun in der Fritteuse goldgelb ausbacken und auf Küchenpapier abtropfen lassen. Die einzelnen Komponenten: Pastinakenpüree, Rote Bete-Würfel, überbackenes Welsfilet und frittierte Zwiebeln hübsch auf Tellern anrichten und mit
4 Zitronenscheiben	
4 Dillzweigen	
4 Kirschtomaten	garnieren.

> Hierzu passt ein Rheingauer Riesling von VdP Robert Weil in Kiedrich.

Alte Kirche in Watzenborn im Sommer

Alter Festungsturm in Grüningen

Wiesecker-Pforte

Zanderfilet im Köstritzer-PaleAle-Senfschaum mit confiertem Spargel und Kirschtomaten

12 weiße Spargelstangen	schälen und die Spitzen etwa 6 bis 8 cm lang abschneiden. Die Spitzen zur Seite legen, die restlichen Stangen schräg in 0,5 cm feine Scheiben schneiden, ebenfalls für später zur Seite legen.
200 g Butter	bei mittlerer Hitze leicht aufschäumen lassen, Topf zur Seite ziehen, die Butter darf nicht braun werden.
1 Sternanis	und
Meersalz, Pfeffer (frisch gemahlen)	mit dem Saft und der abgeriebenen Schale von
1 Bio-Zitrone	
1 Bund Kerbel	und
1 EL brauner Rohrzucker	zur Butter geben und die Spargelspitzen einlegen. Bei etwa 80 °C ganz langsam bissfest garen.

Lahn-Brücken, Gießen

Fischgerichte | 83

12 Kirschtomaten	vom Strauch lösen, waschen, halbieren. Mit
1 Zweig Rosmarin	
1 großer Zweig Thymian	in ein kleines Töpfchen geben und mit
Olivenöl	bedecken. Mit
Meersalz, Pfeffer (frisch gemahlen)	würzen und bei etwa 50 °C langsam ziehen lassen.

PaleAle-Senfschaum

30 g Schalotten	schälen und in feine Würfel schneiden.
4 küchenfertige mittelgroße Zanderfilets aus der Lahn	mit
2 EL Zitronensaft	und
Meersalz, Pfeffer (frisch gemahlen)	würzen und einige Minuten ziehen lassen. Dann leicht in
ca. 100 g Mehl	gründlich mehlieren.
100 g Butterschmalz	in einer breiten Pfanne erhitzen, Zander auf der Hautseite kross anbraten, kurz wenden und nochmals 30 Sekunden braten. Den Fisch aus der Pfanne nehmen und bis zum Servieren bei 70 bis 80 °C warm stellen. Die Schalotten in die Pfanne geben, leicht glasieren lassen, mit
200 ml Köstritzer Pale-Ale-Bier (oder Licher Pils)	ablöschen.
100 ml Fischfond (Rezept S. 18)	und
100 ml Sahne	auffüllen, die Sauce nach Geschmack einreduzieren lassen, gegebenenfalls binden. Dann durch ein Sieb geben und
1 EL grober Dijonsenf	einrühren. Mit
Meersalz, Pfeffer (frisch gemahlen)	und
Zitronensaft	abschmecken und mit dem Stabmixer aufschäumen.

Fertigstellung

	Kirschtomaten aus dem Olivenöl nehmen, Öl nochmals stärker erhitzen und die feinen Spargelscheiben darin etwa 30 Sekunden kross frittieren. Inzwischen die Teller anrichten: Kartoffelstampf (s. Seite 57) auf Teller ziehen, Zander darauf platzieren, mit dem Schaum überziehen, confierten Spargel und Tomaten platzieren und mit frittiertem Spargel toppen. Mit
Kerbelzweige	garnieren.

Cleeberger Ritterschmaus (Schmelzkartoffeln)

Monika Bormann, Cleeberg

Dies ließen sich die »Cleeberger Raubritter« gerne nach einem nicht so erträglichen Beutezug schmecken.

1,5 kg Kartoffeln	schälen und mit etwas
Kümmel	in Salzwasser zu weichen Salzkartoffeln kochen, abschütten und leicht ausdämpfen lassen.
150 g fetter Speck	in feine Würfel schneiden.
1 doppelte hessische Bauernbratwurst (rote Mettwurst)	in etwa 5 cm große Stücke schneiden. Den Speck und die Bratwurst in einer passenden Pfanne ohne Fett rundum schön knusprig anbraten. Die Wurst aus der Pfanne nehmen und warm stellen. Den Speck und das ausgetretene Fett in der Pfanne belassen.
3 – 4 mittelgroße Zwiebeln	abziehen, würfeln und darin leicht anbräunen.
1 l Milch	zugeben und das Ganze etwa 5 Minuten langsam köcheln lassen. Dann die Kartoffeln mit einem Holzlöffel oder Stampfer grob zerstampfen. Es sollen noch Stücke erkennbar bleiben. Den Milchsud bis zur gewünschten Konsistenz über die Kartoffeln gießen und vorsichtig umrühren. Mit
Majoran (frisch)	
Muskatnuss	und etwas
grobes Salz, Pfeffer	abschmecken. Dazu die gebratene Bauernbratwurst reichen.

Als erfrischendes Getränk dazu passen Buttermilch oder Dickmilch frisch vom Bauernhof.

Haubentaucher

Haubenmeise

Wildente und Graureiher

Fleischgerichte – mit Schwein | 85

Storch im Anflug　　　Schleiereule bei der Gleiberger Kirche　　　Roter Milan

Weckewerk

Daniela Pfaff, Wermertshausen

Eigentlich eine nordhessische Spezialität, aber genauso geliebt in Mittelhessen.

> Optimal dazu passen frische Pellkartoffeln und Rote Bete oder Gewürzgurken und ein Klecks Schmand. Dazu gehört natürlich ein frisch gezapftes Bier und zur Verdauung ein Schnäpschen. Weckewerk kann man auch sehr gut in Einmachgläsern oder anderen Formen auskühlen lassen und auch einfrieren. Bei der Zubereitung wird es dann einfach in Scheiben geschnitten und in Butter in der Pfanne gebraten.

200 g Schweinekamm oder Schulter	in einen Topf mit ausreichend Salzwasser geben.
200 g Schweineschwarten	grob schneiden und hinzufügen.
1 große Zwiebel	pellen und mit
1 Lorbeerblatt	
1 Nelke	zugeben. Das Fleisch gar kochen (je nach Dicke etwa 40 Minuten), die Fleischbrühe aufheben. Fleisch und Zwiebel mit
100 g roher Schweinebauch	
200 g Blutwurst	und
2 Knoblauchzehen	durch den Fleischwolf drehen und in einem Bräter unter häufigem Rühren langsam anbraten. Zwischenzeitlich
2 Brötchen (Wecke)	klein würfeln, mit etwas Fleischbrühe übergießen, zum Fleisch geben und langsam weiter braten. Mit
Meersalz, Pfeffer (frisch gemahlen)	
Muskatnuss	
Kümmel	sowie
Majoran (frisch)	würzen und abschmecken. Das Weckewerk ist fertig, wenn es eine glatte Konsistenz und die gewünschte Bräunung erreicht hat. Eventuell mit weiterer Fleischbrühe ergänzen.

Crépinette vom hessischen Wutzi mit scharfer Tomatensauce oder: mittelhessische Körriwurst-Variation

Jetzt geht's um die Wurst. Nicht nur zur Grill-Saison erfreuen sich Würstchen hierzulande großer Beliebtheit. Doch um die Qualität in den großen Billigmärkten ist es nicht gerade gut bestellt. Wer etwas experimentieren möchte und Abwechslung zum Metzger mag, der macht seine Wurst einfach selbst. Hier sind der Fantasie keine Grenzen gesetzt. Ob Lamm oder Kalb, ob verschiedene Gewürze und ungewöhnliche Zutaten: Manch' einer hat sich hierbei schon zum wahren kreativen Genie entwickelt. Ratsam ist die Herstellung mit Hilfe eines Fleischwolfes. Es werden zwei Wurstfüllungen vorgestellt, die auf unterschiedliche Art und unterschiedlich fein hergestellt werden. Beide können natürlich nach eigenem Geschmack abgewandelt werden.

Für 1 kg Würstchen (etwa 12 Stück). Da sich die Würstchen aber auch gut einfrieren lassen, kann man gleich größere Mengen herstellen.

Vorbereitung

1 kg Schweinenetz (manchmal auch Fettnetz genannt) (beim Metzger des Vertrauens vorbestellen oder bei Online-Metzgereien bestellen) einige Zeit in lauwarmem Wasser einlegen und immer wieder das Wasser auswechseln, bis das Wasser klar ist und neutral riecht. Wer möchte, kann aber auch übliche Wurstdärme nehmen (ca. 3 Meter, Kaliber 26/28).

Currymischung

3 EL Koriandersamen
2 EL Senfkörner
1 EL Kreuzkümmel

und in der Pfanne kurz rösten.

2 EL Kurkuma
1 TL geschrotete Chili
1 TL Fenchelsaat
1 EL getrockneter Knoblauch

zugeben. Alles mischen und in einem Mörser fein zermahlen. Alternativ eine hochwertige fertige Currymischung nehmen, z.B. Madras-Curry.

rustikale Wurstfüllung

750 g abgehangener Bio-Schweinenacken oder -schulter

250 g grüner Speck (also roh, ungepökelt, ungeräuchert) gut vorgekühlt würfeln und durch die grobe Scheibe des Fleischwolfs geben, gleich wieder kühlen.

Fleischgerichte – mit Schwein | 87

Amerikanisches »Air Stream« Catering

1 mittelgroße Zwiebel	
2 Knoblauchzehen	schälen und in sehr fein würfeln.
2 – 3 Zweige frischer Thymian	waschen und zupfen. Zwiebel, Knoblauch und Thymian in einer Pfanne in
1 EL Olivenöl	kurz anschwitzen, abkühlen und zur Wurst geben.
1 Ei	und
50 ml eiskalte Vollmilch	mit dem Schneebesen verquirlen und zur Wurstmasse geben. Alles sehr gut vermengen, bis Bindung entsteht. Mit
ca. 20 g Meersalz	
ca. 2 g Pfeffer aus der Mühle	
1 Prise Piment	sowie
1 Prise Muskatnuss	würzen und kräftig abschmecken. Eventuell Probefrikadelle braten. Bis zur Verarbeitung kühlen.

Variante: feine Wurstfüllung

750 g mageres Kalbfleisch	gut vorgekühlt durch den Fleischwolf geben und mit
300 ml Sahne (kalt)	und 3 Esslöffel der Currymischung gut durchmengen und kühlen.
50 g frische Blattpetersilie	waschen, zupfen und ausschleudern. Dann alles mit
ca. 20 g Meersalz	
ca. 2 g Pfeffer aus der Mühle	sowie dem Saft und der abgeriebenen Schale von
1 Bio-Zitrone	in einer Küchenmaschine zu einer feinen Masse kuttern. Darauf achten, dass die Masse nicht warm wird. Nochmal abschmecken. Eventuell Probefrikadelle braten. Bis zur Verarbeitung kühlen.

Füllen des Schweinenetzes:
Die Wurstmasse in einen Spritzbeutel mit einer großen Lochtülle geben und etwa 12 gleichgroße Würste auf ein Blech spritzen. Das abgetropfte Schweinenetz nun auf einer Arbeitsfläche großflächig ausbreiten und eckig zuschneiden. Dicke Klumpen am Netzrand dabei entfernen. Nun das Netz in so breite Streifen schneiden, dass die Wurst darin eingewickelt werden kann. Etwas Überhang einrechnen. Dann die erste Wurst auf einen solchen Streifen legen und die Wurstmasse einmal mit dem Netz möglichst blasenfrei umhüllen. Mit den anderen Würsten genauso verfahren. Übrig gebliebenes Schweinenetz kann man gut einfrieren. Gemäß Hackfleischverordnung sollte die Wurst noch am gleichen Tag gegart werden.

Füllen des Wurstdarms:
Wer einen Füllvorsatz für seinen Fleischwolf hat, kann den Wurstdarm auf diesen aufziehen. Dabei das Ende zuknoten. Andernfalls die Wurstmasse in einen Spritzbeutel mit einer großen Lochtülle geben. Die zuvor in handwarmem Wasser etwa 1 Stunde gewässerten und abgelaufenen Därme vorsichtig auf die Tülle des Spritzbeutels ziehen und die Masse möglichst blasenfrei, aber nicht zu fest, in den Darm füllen. Etwa alle 20 cm die Därme mit 4 Umdrehungen abdrehen oder abbinden. Eventuelle Luftblasen durch einstechen mit einer Nadel entlüften. Bei Verwendung der feinen Wurstfüllung die Wurst in nicht mehr kochendem Wasser etwa 5 Minuten ziehen lassen, damit sie beim Braten nicht platzt. Herausnehmen und abkühlen lassen.

Gewürztomatensauce

400 ml Coca Cola	bei mittlerer Hitze auf etwa 100 ml einreduzieren.
400 ml Tomatenketchup	
100 ml Apfelmus	
2 EL Worcestershiresauce	und den Saft von
1 Zitrone	sowie 2 Esslöffel der Currymischung zugeben und glatt rühren. Mit
Chili aus der Mühle	
Salz, Pfeffer (frisch gemahlen)	abschmecken.

> Dazu passen hausgemachter »Kürbis-Fritz« »hessisch-rot-weiß« (Rezept Seite 55), Ofenkartoffeln oder Pommes frites.

Rippchen mit Apfelwein-Sauerkraut

1 kleine Zwiebel	und
1 kleiner Apfel	fein würfeln.
1 EL Butterschmalz	in einem Topf zerlassen und die Würfel darin glasig anschwitzen. Mit
250 ml Apfelwein	ablöschen.
800 g Sauerkraut (wenn möglich frisch)	zugeben. Einen Gewürzbeutel oder ein Tee-Ei mit
2 Nelken	
2 Lorbeerblätter	
5 Wacholderbeeren	
½ TL Kümmel	
½ TL Pfefferkörner	füllen und zum Sauerkraut geben. Mit
Salz, Zucker	würzen, einmal richtig aufkochen lassen und dann etwa 40 Minuten langsam gar ziehen lassen. Währenddessen
4 gepökelte Kammrippchen (à 200 – 250 g)	in einen passenden Topf geben und mit kochendem Wasser übergießen.
1 Nelke	
1 Lorbeerblatt	
3 Wacholderbeeren	zum Kochwasser geben.
1 kleine Zwiebel	halbieren und zufügen. Die Rippchen etwa 20 Minuten langsam ziehen lassen, nicht kochen. Wenn das Sauerkraut weich ist,
1 große rohe Kartoffel	schälen und in das Sauerkraut reiben, um es anzudicken. Sauerkraut abschmecken und zusammen mit den Rippchen servieren.

> Dazu passt hausgemachtes Kartoffelpüree oder auch frisches Sauerteigbrot. Als Dip eignet sich ein Apfelsenf oder ein Apfelchutney. Aber auch Sahnemeerrettich schmeckt hervorragend dazu. Statt des hier aufgeführten Sauerkrauts kann man auch das Rahmsauerkraut von Seite 50 verwenden.
> Als Getränk empfiehlt sich ein Bier oder ein uriger Apfelwein aus dem »Geribbte«.

Blick von der Burg Gleiberg auf Krofdorf-Gleiberg

Heuchelheimer Seen

Blick auf Grüningen

Königsberger Kartoffelwurst

Fleischermeister und Koch Sven Klingelhöfer, www.klingelhoefers.de

Für 1 kg Würstchen (etwa 12 Stück). Da sich die Würstchen aber auch gut einfrieren lassen, kann man gleich größere Mengen herstellen.

500 g Pellkartoffeln, festkochend oder vorwiegend festkochend — einen Tag zuvor (wichtig) kochen, pellen und auskühlen lassen.

500 g Schweinehackfleisch, nicht zu mager — in eine größere Schüssel geben. Die Kartoffeln vom Vortag im Mixer oder in der Küchenmaschine auf Erbsengröße zerkleinern. Vorsicht, keinen Brei machen! Die Kartoffeln zum Hack geben.

16 g Salz
1 g Muskatnuss oder Macis
1 g Majoran, am besten frisch
2 g Pfeffer
2 g Röstzwiebel
Knoblauch nach Geschmack

— und etwas dazugeben. Jetzt noch

½ Bund Blattpetersilie — zupfen, waschen, trockenschleudern und hacken. Ebenfalls zugeben. Dann alles gut miteinander verkneten, damit die Masse bindig wird und nochmal abschmecken. Die Masse mit einer Wurstfüllhilfe in Därme füllen (siehe Beispiel Seite 88) und leicht anräuchern.

> Als leicht geräucherte Wurst schmeckt sie frisch gebraten auch sehr gut zu einem Eintopf. Wer die Masse nicht in Därme abzufüllen vermag oder will, kann sie auch einfach auf einem guten frischen Sauerteigbrot mit Zwiebeln servieren. Aber auch für gebratene oder gegrillte Frikadelle eignet sich das Rezept. Sogar zum Einkochen in spezielle Gläser ist die Kartoffelwurst geeignet.
>
> Die Kartoffeln müssen bei der Verarbeitung kalt und ausgedünstet sein. Wenn sie am selben Tag erst gekocht werden, enthalten sie noch zu viel Feuchtigkeit und die Kartoffelwurst wird wie Kleber.

Nackter Mann zwischen den Tulpen, Gießen

Amerikanischer »Food-Truck« von Klingelhöfers bei der Wurstausgabe

Lahnschleuse mit Booten

Original Steinberger Bellschou

Julia Pantano-Buß, gusto.cc, Pohlheim

Beim Bellschou oder Bellschuh handelt es sich um eine regionale Spezialität. Näheres dazu auf Seite 92. Hier das Rezept, wie wir es in der »Krone« bis zur Betriebsaufgabe im Jahr 2006 zubereitet haben.

1 kg gutes schlachtfrisches Schweinemett vom Metzger	zu vier gleichförmigen, leicht ovalen Klopsen abdrehen. Dabei darauf achten, dass der Bellschuh rundum glatt und geschlossen ist und keine Einrisse hat.
2 EL Butterschmalz	in einer schweren Gusspfanne erhitzen und die Hackbraten bei mittlerer Hitze von allen Seiten gleichmäßig scharf anbraten. Währenddessen
8 mittelgroße Zwiebeln	schälen und in mittelgroße Spalten schneiden, nicht zu fein, aber auch nicht zu grob. Die Bellschuh aus der Pfanne nehmen und zur Seite stellen. In der gleichen Pfanne nun die Zwiebeln anbraten. Dabei nur leicht Farbe nehmen lassen, nicht anrösten. Überschüssiges Fett abgießen und die Zwiebeln mit
1 EL Mehl	abstäuben. Nochmals kurz durchschwenken und mit etwa
300 ml Wasser	ablöschen. Die »Klopse« wieder zu den Zwiebeln legen und mit Deckel 20 bis 25 Minuten langsam gar schmoren. Eventuell nochmals etwas Wasser nachgießen. Die Zwiebeln sollen nicht in der Sauce schwimmen, sondern eben gerade mit Flüssigkeit gebunden sein. Die Bellschou sind gar, wenn man nach dem Einstechen klaren Fleischsaft austreten sieht. Nun die Bellschou auf vorgewärmte Teller verteilen und
100 ml braune Grundsauce (Rezept S. 19)	zu den Zwiebeln geben.
1 frische Knoblauchzehe	fein hacken und zugeben. Das Ganze mit
grobes Meersalz, Pfeffer (frisch gemahlen)	abschmecken und die Zwiebeln über die Bellschuh geben.

> Dazu passt am besten frisches Sauerteigbrot.
> Gerne kann der Bellschou auch abgewandelt werden. So kann man beispielsweise das Mett mit frischem Thymian würzen, statt Zwiebeln frische Champignonrahmsauce (Rezept Seite 137) servieren oder die Sauce mit gebratenem Speck ergänzen. Als Beilage passen auch hausmacher Bratkartoffeln.

Der Stoamorker Bellschou

Mythen und Geschichten rund um das Steinberger Original

Der Überlieferung nach habe der Bellschou oder, je nach Dorfdialekt auch Bellschuh, seinen Namen von der Ähnlichkeit mit den rundlichen Haus- oder Filzpantoffeln früherer Jahre, auch »Pelzschuh« genannt. Ebenso gibt es eine These, die besagt, die Silbe »Bell« käme von »Belln oder Beälln«, was so viel wie Betteln heißt (Beällbroirer = Bettelbrüder). Was die Frage aufwirft, wer um was gebettelt haben soll? Da es sich beim Bellschou um eine regionale Spezialität aus reinem Schweinemett handelt und Fleisch früher eher selten auf den Tisch kam, war es vermutlich wohl kein Arme-Leute-Essen, was die Hausschuh-Ansicht stützt. Letztlich bleibt es unbewiesen, woher der Name wirklich stammt.

Aber nicht nur um die Namensherkunft wird gerungen. Auch um die »richtige« Zubereitung wird teilweise noch heute heiß diskutiert. Und das kann schnell zu erhitzten Kontroversen der Protagonisten führen. Unbestritten ist, dass im erwähnten schieren gewürzten Schweinemett keine weiteren Zutaten enthalten sind. Wer also »seine Durchlaucht, den originalen Bellschou« in flapsiger oder unwissender Weise salopp als Hackbraten, Klops oder gar Frikadelle bezeichnet, outet sich sofort als »Unwissender« und begeht streng genommen »Majestätsbeleidigung«. Denn all diesen unwürdigen Vertretern aus der Gattung des faschierten Fleisches ist eins gemein: Sie enthalten Binde- und Streckmittel wie beispielsweise Ei, Brötchen, Paniermehl oder Ähnliches.

Auf dem Obersteinberg, Pohlheim

Fleischgerichte – mit Schwein | 93

Bellschou beim Anbraten

... und beim Schmoren

Dabei ist der Bellschou ein fürwahr herrschaftliches Mahl, das, unverfälscht und richtig zubereitet, selbst Königen gerecht werden könnte. Nicht umsonst sagt man unserem »Landesfürsten« Ministerpräsident Volker Bouffier nach, er sei persönlich ein großer Liebhaber des Bellschou und könne ihn sogar perfekt zubereiten. Als waschechter Gießener Schlammbeiser für ihn wohl auch eine Frage der Ehre. Gelegentlich kredenze er das gute Stück sogar bei Wahlveranstaltungen. Ob es ihm damit allerdings 2013 gelungen ist, seinen grünen Koalitionspartner Tarek Al-Wazir zur Kiwi-Koalition zu überreden, sei aber dahingestellt.
Dass dieses Gericht freilich ein gewisses Suchtpotenzial beinhaltet, zeigt die Tatsache, dass die Verbreitung des Bellschou mittlerweile über die Grenzen der Region stattgefunden hat. Zwar ist er noch kein Exportschlager, aber das kann ja noch werden. Schließlich findet man ihn schon auf Speisekarten in Friedberg, Frankfurt und sogar Wiesbaden.
Angeblich geht das Rezept zurück auf Georg Philipp (genannt Pätter) und seine Frau Katharina. Sie waren die Gründer der Gastwirtschaft »Zur Goldenen Nuss« und hatten später eine eigene Metzgerei in Pohlheim Watzenborn-Steinberg, direkt gegenüber meinem Elternhaus, dem Gasthof »Zur Krone«. Genau ist das heute aber ebenfalls nicht mehr zu klären. Zumindest gibt es keine andere Verlautbarung. Fest steht auch, dass alle anderen Gastwirtschaften des Ortes (»Zum grünen Baum«, »Goldener Stern«, »Zur Wilhelmshöhe«, »Zur Ludwigshöhe«, »Zum Schiffenberg«) dieses Gericht auf der Speisekarte hatten bzw. haben und das Rezept bis heute gut hüten. Mein »Geheimrezept«, überliefert von Oma Marie Häuser, geborene Harnisch, wie wir es in der »Krone« bis zur Betriebsaufgabe im Jahr 2006 zubereitet haben, finden Sie auf Seite 91. Testen Sie das Rezept, werden Sie wie Ministerpräsident Volker Bouffier zum Bellschou-Experten und helfen Sie beim Export dieser Spezialität in die Welt der Ahnungslosen.

Fleischgerichte – mit Schwein

Mittelalterfest an der Münzenburg in Münzenberg

Mittelalterliche Schweinekeule (für 6 Personen)

Umb Spiß geschweißte Sawen mit Würtznegerlin on Honig, Senff, Ingber on Win fleißig abgewürtzt

Küchenmeister Heinz Anding, Moischt

1,4 kg Schweinekeule oder Schulter	Die Schwarte in etwa 1 cm große Vierecke einschneiden. Mit
Meersalz, Pfeffer (frisch gemahlen)	gut würzen und bei 130 °C in den vorgeheizten Ofen schieben. Ein Bratenthermometer einstechen.
125 ml Weißwein	mit
60 g Honig	
50 g Senf	und
¼ TL Ingwer (gemahlen)	vermischen und das Fleisch während des Bratens damit gelegentlich einpinseln. Nach einer halben Stunde das Fleisch mit
6 Nelken (ganz)	spicken und immer wieder mit der austretenden Flüssigkeit übergießen bzw. bepinseln. Zwischenzeitlich
240 g Karotten	schälen,
240 g Kohlrabi	schälen,
240 g Zucchini	waschen und alle Gemüse in 4 cm lange und 1 cm dicke Stifte schneiden. In einen kleinen Topf geben, mit
20 ml Essig	
1 TL Senfkörner	
1 EL Zucker	sowie

Fleischgerichte – mit Schwein | 95

Meersalz, Pfeffer (frisch gemahlen)	würzen und knapp mit kochendem Wasser übergießen. Kurz aufkochen lassen, mit
50 ml Öl	übergießen und zum Abkühlen zur Seite stellen.
200 g Perlzwiebeln (Glas) 6 Radieschen (geschnitten)	zufügen.
80 g Graubrot	reiben und mit
125 ml Weißwein	
50 g Senf	
60 g Honig	und
¼ TL Ingwer	einmal aufkochen und den Fond zur Seite stellen. Wenn das Bratenthermometer 65 °C erreicht hat, die Sauce aus dem Bräter zum Fond gießen. Dann den Ofen auf 220 °C hochheizen und die Kruste auf diese Weise zum »Platzen« bringen. Die Sauce zwischenzeitlich abschmecken. Wenn das Fleisch bei etwa 75 °C gar und die Kruste schön kross ist, das Fleisch portionieren und auf Tellern anrichten. Mit der Sauce und dem Salatgemüse separat anrichten.

> Die Kruste ist kein Hüft-Gold, sondern eher Hüft-Platin – aber allemal eine Sünde wert. Als Beilage empfehlen sich stilecht ein ofenfrisches Sauerteigbrot und ein kräftiger Rotwein. Auch Apfelwein-Sauerkraut (Rezept Seite 89) passt sehr gut dazu.

Spanferkel am Spieß

96 | Fleischgerichte – mit Schwein

Feierlichkeiten zum 400-jährigen Jubiläum in der Aula der Universität Gießen

Erstsemester im Uni-Hauptgebäude

Kinder auf Entdeckungsreise im Mathematikum Gießen

Fensel nach Bauern Art

3 altbackene Brötchen	in Wasser einweichen und zur Seite stellen.
4 mittelgroße Zwiebeln	und
2 Knoblauchzehen	schälen, fein würfeln.
2 – 3 Zweige frischer Thymian	waschen, zupfen und mit Zwiebeln und Knoblauch in
2 EL Öl	in einer breiten Pfanne anschwitzen.
250 g Schweinemett	und
250 g gehackte Schweineleber oder Leberwurst (kann auch durch mehr Mett ersetzt werden)	zufügen und alles unter kräftigem Rühren farblos anschwitzen. Dabei immer wieder die groben Fleischstücke mit dem Kochlöffel fein zerdrücken. Inzwischen die eingeweichten Brötchen aus dem Wasser nehmen, gut ausdrücken, in die Pfanne geben und unterrühren.
6 Eier	gut verquirlen, in die Pfanne geben und unter Rühren langsam stocken lassen. Mit
grobes Meersalz, Pfeffer (frisch gemahlen)	würzen und abschmecken.

Traditionell isst man dazu Pellkartoffeln oder genießt das Fensel auf frisch gebackenem Bauernbrot. Auch kalt ein Genuss!

Ahle-Wurscht-Kuche

Alexandra Gottwals, Pohlheim

> In der Saison passt hierzu ein junger Federweißer, alternativ natürlich auch unser hessisches »Stöffche«.

Mürbeteig, pikant

2 Eier	und
½ TL Salz	mit dem Rührgerät verrühren.
125 g kalte Butter	mit einer groben Reibe in Flocken reiben und unter die Eier rühren.
250 g Mehl (Type 550)	auf einmal zugeben. Mit dem Knethaken glatt rühren. Sobald keine »Mehlinseln« mehr sichtbar sind, sofort aufhören zu kneten. Den Teig zu einem flachen Stück zusammenkneten und in Klarsichtfolie gepackt mindestens 30 Minuten kühlen.

Belag

200 g Ahle Wurscht	
150 g geräucherter Bauchspeck	
2 kleine Zwiebeln	Alles in kleinere Würfel schneiden. Zwischenzeitlich den Ofen vorheizen. Eine passende Quiche- oder Tarteform mit
1 TL Butter	einfetten. Den Mürbeteig auf der Arbeitsfläche etwas größer als die Form ausrollen (am besten zwischen der Klarsichtfolie, so bleibt er nicht an der Arbeitsfläche kleben). Die Form inklusive Rand damit gleichmäßig auslegen und mit einer Gabel den Boden überall einstechen. Dann den Teig mit
250 g Schmand	bestreichen und mit den klein gewürfelten Zutaten belegen. Im vorgeheizten Backofen bei 170° Umluft (190 °C Ober-/Unterhitze) etwa 30 Minuten backen. Wer den Kuchen knuspriger mag: mit Alufolie abdecken und noch einmal 5 bis 10 Minuten backen.

> Als Variation können frischer Thymian oder auch Apfelwürfelchen in die Rezeptur eingearbeitet werden.

Mittelhessens größter Adventskalender am Wallenfels'schen Haus, Gießen

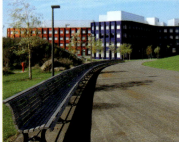

Biomedizinisches Forschungszentrum der Universität Gießen

Rinderfilet im Heu pochiert

Patrick Schmider, Küchenmeister, Gießen

1 kg Rinderfilet, gut abgehangen (alternativ auch vom Kalb)	vom Metzger parieren lassen.
1,5 l Fleisch-/Knochenbrühe (Rezept ab S. 14)	mit
1 Zweig Rosmarin	
1 Zweig Thymian	
1 Knoblauchzehe	
2 Lorbeerblätter	und
1 TL Wacholderbeeren	aufkochen.
1 Hand voll gutes Heu, gewaschen und ungespritzt	zugeben und die Flüssigkeit auf 60 bis 70 °C abkühlen lassen. Das Filet einlegen und bei dieser Hitze langsam gar ziehen lassen, bis im Kern eine Temperatur von 52 bis 60 °C erreicht ist (58 °C = medium). Dies kann man am besten mit einem Kerntemperaturfühler oder Bratenthermometer überprüfen. Das Filet entnehmen, trockentupfen und kurz ruhen lassen. Zwischenzeitlich
120 g Butter	in einer Pfanne aufschäumen und das Filet darin rundum kurz anbraten. Darauf achten, dass es nicht zu lange weiter gart und die Butter nicht zu dunkel wird. Filet entnehmen, in gewünschte Portionsgröße tranchieren und mit
Meersalz, Pfeffer (frisch gemahlen)	nachwürzen.

> Dazu passen zum Beispiel Kohlrabi und Kartoffelstampf (Rezept Seite 57) und ein kräftiger Rotwein.

Das »Steakhaus zur Eule« ist Laubachs ältestes Gasthaus.

Strohballen warten auf ihre Verwendung.

Fleischgerichte – mit Rind, Kalb oder Geflügel | 99

Ausflug Mutter mit Kind

Pfifferlingpfanne

Licher Flaschen, Nostalgie

Kalbsleber mit Pfifferlingen in Schwarzbiersauce

4 mittelgroße Zwiebeln	in feine Streifen schneiden.
250 g frische, kleine Pfifferlinge	putzen, abbrausen und im Küchentuch abtrocknen.
1 Knoblauchzehe	fein hacken.
2 Thymianzweige	zupfen.
100 g Dörrfleisch	in feine Würfel schneiden.
800 g frische Kalbsleber, (küchenfertig, vom Metzger)	in feine Streifen schneiden und in Mehl wenden, überschüssiges Mehl abklopfen. Die Leber in einer breiten Pfanne bei hoher Hitze in
2 EL Butterschmalz	von allen Seiten scharf anbraten und gleich wieder entnehmen. Das Dörrfleisch in die Pfanne geben und kurz anbraten, Zwiebelstreifen und den Knoblauch zugeben, kurz mitschwitzen. Zuletzt Pfifferlinge und Thymian in die Pfanne geben und ebenfalls kurz mitbraten. Mit
50 ml Sherry	ablöschen.
300 ml Schwarzbier (alternativ ein Licher 1854 naturtrüb)	aufgießen und die Sauce einkochen lassen, gegebenenfalls noch etwas abbinden.
1 TL Butter 100 ml Sahne	zufügen und mit
Meersalz, Pfeffer (frisch gemahlen)	abschmecken. Die Leber wieder einlegen, kurz aufkochen lassen und servieren.

> Statt Kalbsleber kann man auch Rinderleber verwenden.
> Servieren Sie dazu hessisches Kartoffelpüree und Feldsalat. Als Wein empfiehlt sich ein Schloss Johannisberg Spätburgunder blanc de noir.

Rinder auf der Weide

Blutwurst-Cordon Bleu
mit Äpfeln und scharfem Senf

Patrick Schmider, Küchenmeister, Gießen

4 Kalbsschnitzel aus der Oberschale	trockentupfen, auf der Arbeitsfläche ausbreiten und mit Klarsichtfolie großflächig abdecken. Dann gründlich plattieren (klopfen). So gibt es keine Fleischspritzer. Mit
Meersalz, Pfeffer (frisch gemahlen)	würzen und mit
4 EL guter scharfer Senf (z.B. Dijonsenf)	bestreichen.
8 Scheiben hausmacher Blutwurst	auf die 4 Schnitzel verteilen. Dabei darauf achten, dass die Wurst nur auf einer Seite der Schnitzel liegt, weil die Schnitzel später zusammengeklappt werden. Dann
1 Apfel	schälen, Kerngehäuse ausstechen und den Apfel in Scheiben schneiden. Die Scheiben auf der Blutwurst platzieren. Anschließend
1 mittelgroße Zwiebel	in
2 EL Öl	kurz anschwitzen, mit
Meersalz, Pfeffer (frisch gemahlen)	würzen und auf die Apfelscheiben geben. Die Schnitzel zusammenklappen und fest zusammendrücken. Dann panieren. Dazu die Schnitzel in

Fleischgerichte – mit Rind, Kalb oder Geflügel | 101

80 g Mehl	wenden,
2 Eier	verquirlen und die abgeklopften Schnitzel durch das Ei ziehen. Nun in
200 g Paniermehl	wenden und das Paniermehl dabei fest andrücken.
4 EL Butterschmalz	in einer Pfanne erhitzen und die Schnitzel bei mittlerer Hitze gleichmäßig goldgelb braten. Währenddessen
4 – 5 mittelgroße Zwiebeln	schälen, in feine Ringe schneiden und in einer Pfanne in
50 ml Öl	bei schwacher Hitze goldgelb schmoren. Kurz bevor sie fertig sind, mit
1 EL Zucker	
Meersalz, Pfeffer (frisch gemahlen)	und den Blättchen von
2 – 3 Thymianzweige	abschmecken. Anschließend etwa
1 EL Butter	als »Butterflocken« darüber verteilen und die Zwiebeln mit dem Cordon Bleu anrichten.

> Klassisch gehören zum Cordon Bleu knusprige Bratkartoffeln und ein knackiger Salat. Aber auch Steckrüben und ein schönes Kartoffelpüree passen prima dazu. Als Getränke eignen sich ein frisch gezapftes Bier oder ein Speierling-Apfelwein der Kelterei Abt in Lich-Eberstadt.

Ochsenausflug

Äppelwoi-Hinkelche

Die mittelhessische Fassung vom »versoffenen« französischen »Coq au vin«. Standesgemäß natürlich mit viel Apfelwein zubereitet, der sich auch hervorragend als Getränkeempfehlung eignet.

2 junge Hähnchen vom Bauer (bratfertig, à ca. 1,2 kg)	halbieren, dann die Keulen und die Flügel abtrennen. Die Brüste vom Knochen lösen. Alles mit
Salz, Pfeffer (frisch gemahlen)	großzügig würzen und in
Mehl	wenden. In einer heißen, ofenfesten (Guss-)Pfanne bei mittlerer Hitze in
2 EL Butterschmalz	gleichmäßig rundum scharf anbraten. Direkt wieder entnehmen und zur Seite stellen.
50 g Dörrfleisch	und
2 Knoblauchzehen	fein würfeln, in die noch heiße Pfanne geben und leicht anrösten.
4 Schalotten	schälen, fein schneiden und zusammen mit
200 g frische, kleine Champignons	ebenfalls in der heißen Pfanne mit dem Dörrfleisch kurz mitschwitzen. Mit
400 ml Apfelwein (z.B. von der Kelterei Abt, Eberstadt)	ablöschen. Hitze reduzieren und die Hähnchenteile sowie ggfs. ausgetretene Flüssigkeit zurück in die Pfanne geben.

Kloster Arnsburg, Friedhof

Fleischgerichte – mit Rind, Kalb oder Geflügel | 103

Huhn im Garten von Kloster Arnsburg

Blick in die Klosterruine

2 Thymianzweige	zugeben, mit einem Deckel verschließen und 35 bis 40 Minuten bei 160 °C in den Ofen geben. Die Hähnchenstücke sollten immer in wenigstens einem Drittel Flüssigkeit liegen, damit sie gleichmäßig garen. Eventuell etwas Wein oder Wasser nachfüllen. Das Hähnchen ist gar, wenn am dicksten Teil der Keule beim Einstechen klarer Fleischsaft austritt. Inzwischen
100 g Weintrauben (blau und grün)	halbieren, entkernen und in
2 TL Butter	kurz glasieren. Einige
frische Kerbelblättchen	zupfen und waschen. Wenn das Hähnchen gar ist, die Pfanne aus dem Ofen nehmen und zurück auf den Herd stellen, Hähnchenteile herausnehmen und kurz ohne Sauce und ohne Deckel bei 200 °C im Ofen bis zur gewünschten Stufe bräunen. Derweil
1 TL Dijonsenf	und
200 g Schmand	in die Sauce geben, umrühren und leicht einkochen lassen. Mit
Salz (grob), Pfeffer (frisch gemahlen)	abschmecken. Hähnchen tranchieren, auf vorgewärmten Tellern anrichten und mit der Sauce umranden. Weintrauben und Kerbel als Garnitur arrangieren.

> Als Beilage passen hausgemachte Nudeln (Rezept Seite 20), Reis- oder Risotto-Variationen, Kartoffelpüree u.v.m. Wer Zeit sparen möchte, kann kleine geschälte Kartoffeln einfach mit dem Hähnchen in der Sauce von Beginn an mitschmoren. Die Kartoffeln garen dann in der Sauce mit und binden diese auch ein wenig.

104 | Fleischgerichte – mit Rind, Kalb oder Geflügel

Mittelalterliches Spectaculum im Schlosspark Laubach

Mittelalterlicher Festtagskapaun
(Rezept für 6 Personen)

Gizzens Capaunen wol gewürtztet mit einem lot Honig, Anis, Pfefferlin, sehs Biernen, Treublin, Mandeln on Win

Küchenmeister Heinz Anding, Moischt

1 Kapaun (à 2,5 kg oder 1 Masthahn)	Hals und Flügel abschneiden und nur diese in
2 EL Butterschmalz	in einem kleinen Töpfchen anbraten.
40 g Karotten, 40 g Sellerie	und
40 g Zwiebeln	putzen, in walnussgroße Würfel schneiden und ebenfalls mitbraten. Wenn alles goldgelbe Farbe angenommen hat, mit
70 ml Weißwein	ablöschen.
100 ml Wasser	auffüllen. Zunächst etwa 1 Stunde ganz langsam kochen lassen. Verdunstendes Wasser wieder auffüllen und kochen lassen. Den Kapaun waschen, abtupfen und mit
Salz (grob), Pfeffer (frisch gemahlen)	gründlich würzen. Nun in einen Bräter geben und im vorgeheizten Ofen bei 180 °C etwa 20 Minuten auf jeder Keulenseite anbraten. Dann die Hitze auf 140 °C reduzieren, den Kapaun auf den Rücken legen und weiter braten (1,5 bis 2 Stunden).

Fleischgerichte – mit Rind, Kalb oder Geflügel

20 g Honig	
1 Msp. gemahlener Anis	
70 ml Weißwein	miteinander verrühren und den Kapaun gelegentlich damit und mit der austretenden Flüssigkeit einpinseln bzw. übergießen.
3 Birnen	schälen, halbieren, Kerne entfernen. Die Birnenhälften im Saft von
1 Zitrone	und ein wenig Wasser kurz dünsten, so dass sie noch Biss behalten.
50 g Graubrot	klein schneiden, zu den Geflügelknochen geben und weiter mitkochen lassen. Kurz vor Garzeitende des Kapauns die Knochen abseihen und den Sud in den Bräter geben. Den Kapaun aus dem Bräter nehmen, in Portionen aufteilen und warm stellen. Die warmen Birnenhälften in Fächer schneiden und zum Kapaun geben.
200 g Weintrauben	halbieren, entkernen und mit
30 g Mandelscheiben	in
20 g Butter	andünsten. Sauce des Kapauns bei Bedarf nachschmecken und entfetten. Dann über die Portionen geben und mit der Mandel-Weintrauben-Butter überziehen.

> Ein wunderbarer Festtagsbraten. Als Beilage passen zeitgemäß Ofenkartoffeln oder eher modern ein schönes Risotto aus Kapitel »Beilagen«. Das Rezept kann auch mit frischem Thymian, Kastanien, Pilzen variiert werden. Wer es mag, kann die Sauce mit der Zugabe von geschlagener Sahne und etwas Portwein abwandeln. Regionales Geflügel erhalten Sie beim Weiherhof, Pohlheim.

Mittelalterliches Spectaculum im Schlosspark Laubach

Licher Original 1854 naturtrüb

Hähnchen 1854 – oder Bierdosen-Hähnchen

Am Vortag

5 Thymianzweige	
5 Rosmarinzweige	und
5 Korianderzweige	zupfen.
1 EL schwarzer Pfeffer	zerstoßen. Von
1 Bio-Limette	die Schale abreiben und den Saft auspressen.
4 Knoblauchzehen	fein hacken. Alle Zutaten in eine Schüssel geben und
1 Lorbeerblatt	
2 EL Salz	

Fleischgerichte – mit Rind, Kalb oder Geflügel | 107

2 EL Rohrzucker	
1 EL Honig	
1 EL Dijonsenf	
2 EL Sojasauce	sowie
1 TL fischer Ingwer	ebenfalls dazugeben.
1 mittelgroße Karotte	und
1 mittelgroße Zwiebel	schälen und klein würfeln, mit in die Schüssel geben.
200 ml Orangensaft (100 % Frucht)	und
330 ml Licher 1854 naturtrüb	auffüllen und gut vermischen. Das Ganze mit
Chilipulver aus der Mühle	abschmecken.
2 bratfertige Hähnchen (à 1 kg)	in einen großen stabilen Gefrierbeutel (oder mehrere Beutel ineinander) geben und mit der Marinade übergießen. Beutel gut verschließen, durchschütteln und 24 Stunden im Kühlschrank durchziehen lassen.

Fertigstellung
Hähnchen mit der Unterseite über halbvolle Bierdosen stülpen, so dass sie guten Stand haben (es geht natürlich auch ein Hähnchen-Grillständer). Das Bier in den Dosen sorgt dafür, dass das Hähnchen schön saftig bleibt. Die beiden Bierdosen-Hähnchen in eine Auflaufform oder in ein tiefes Backblech stellen, damit kein Unglück geschieht, falls sie doch umfallen. Im Ofen bei ca. 160 °C etwa 45 Minuten garen. Zwischenzeitlich das Hähnchen ab und zu mit der Marinade einpinseln. Aber immer sehr vorsichtig… Alternativ kann man die Hähnchen auch auf dem geschlossenen Grill zubereiten. Wer mit dem Kerntemperatur- oder Bratenthermometer arbeitet, sollte die Hähnchen bei 75° bis 80 °C herausnehmen, damit sie schön saftig bleiben.

Wer sich keine große zusätzliche Arbeit machen möchte, schiebt mit den Hähnchen einfach kleine, in feine Spalten geschnittene Kartoffeln mit in den Ofen. Bepinselt mit der Marinade schmecken die ebenfalls lecker. Aber auch frisches Baguette, Ciabatta oder Focaccia eignen sich als Beilage. Ebenso ein frischer Salat. Als Dip passt z.B. ein Pesto aus Kapitel »Zum Streichen und Tunken«.

Gambrinus Brauerei Butzbach, Christoph Jacob Melchior, Anno 1906

Licher Brauereizug: aus dem Herzen der Natur

Die Hausschlachtung – oder: »Hackfleisch ess' ich gern!«

»Wozu ist das Schwein gebor'n … nur zum Schlachten!« Mit diesem Lied läuten die »Kapaune« aus Watzenborn-Steinberg, denen hier im Buch eine eigene Geschichte gewidmet ist, das Schlachtfest ein. »Watz en Born« bedeutet so viel, wie »Eber im Brunnen«. Da früher Ortsnamen zum Beispiel nach bestimmten Geländebesonderheiten oder nach besonderen Ereignissen benannt wurden, wird vermutet, dass aufgrund eines solchen Geschehnisses der Ortsname Watzenborn entstanden ist.
An der Dorfbezeichnung dürfte es aber wohl kaum liegen, dass die Kapaune und auch andere Einwohner von Watzenborn-Steinberg die Tradition des Schlachtens pflegten und pflegen. Vielmehr ist wohl unumstritten, dass die Menschheit schon seit ewigen Zeiten neben Ackerbau auch Viehzucht betreibt und die zuvor gezüchteten Haustiere irgendwann auf dem Speiseplan auftauchen. Daher ist es auch nachvollziehbar, dass das Schlachten ein weltweit verbreitetes Szenario ist.
Unsere »Hausschlachtung« entstammt noch jener Zeit, als es keine Fleischindustrie und keine Supermärkte gab und man auf Selbstversorgung angewiesen war. Kaum vorstellbar heute! In Zeiten des Überflusses, der jederzeitigen Verfügbarkeit aller nur erdenklichen Lebensmittel aus der ganzen Welt, würde es unsere Gesellschaft vor beträchtliche Schwierigkeiten und Probleme stellen, wenn wir uns, wie anno dazumal wieder selbst ernähren müssten. Damals konnte nur auf den Tisch kommen, was selbst angepflanzt oder gezüchtet wurde. Dabei gab es zudem kaum technische Hilfsmittel, wie Kühl- oder Tiefkühltruhe. Auch nutzte man nur wenige Haltbarmachungsverfahren und lebte daher häufiger von der Hand in den Mund. Mit der Hausschlachtung gelang es, Vorräte an Fleisch und Wurst in Konserven oder im Rauch für eine gewisse Zeit anzulegen und so die Versorgung mit Fleischprodukten sicherzustellen.
In den entbehrungsreichen Kriegsjahren und auch noch bis weit danach war das Schlachten etwas Besonderes, ein Fest eben, daher auch die Bezeichnung »Schlachtfest«. Die meist eigenen Tiere, die zuvor bei der schlachtenden Familie lebten, kannten keine Schnellmast und kein industrielles Kraftfutter. Sie mussten nicht mit Antibiotika behandelt werden und hatten ein einigermaßen normales, vielleicht sogar glückliches Leben, wenn sie mit Respekt und Verantwortung aufgezogen wurden.
Bei der anstehenden Schlachtung kam der Hausmetzger ins Haus. Der übernahm die Verantwortung, dass alles fachgerecht ablief: Organisation und die Einteilung der vielen helfenden Hände in der Wurstküche, vom Betäuben mit dem Bolzenschussgerät bis hin zur kompletten Verwendung des Tieres. Nahezu alles wurde verwurstet oder zu Konserven und Fleischstücken verarbeitet, sofern der zuständige amtliche Tierarzt nach der Untersuchung grünes Licht gab.
Dabei achtete man stets besonders darauf den Hausmetzger bei Laune zu halten. Da gab es mal ein Schnäpschen, mal ein Bierchen, mal ein gutes Tröpfchen und

Fleischgerichte – mit Rind, Kalb oder Geflügel | 109

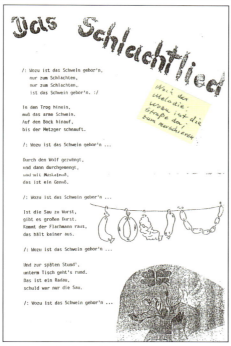
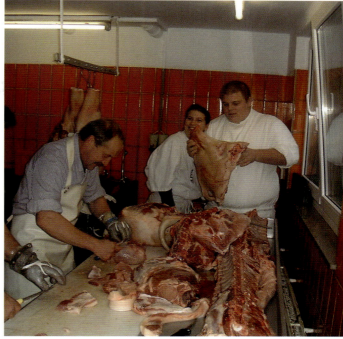

Das Schlachtlied zur Hausschlachtung: »Wozu ist das Schwein gebor'n...?«

Hausschlachtung: Jetzt geht's um die Wurst.

manchmal Wickelkuchen oder Krjenge-Kuche mit frisch gebrühtem Kaffee (Rezept Seite 164). Denn von der Erfahrung, dem Geschick und den Geheimrezepten des Hausmetzgers hing es ab, ob die passenden Gewürze die Wurst zu einem Leckerbissen werden ließen. Wenn alles verarbeitet war, gab es für die Helfer als Krönung die Schlachtplatte mit Hackfleisch, Blut- und Leberwurst, mit Kesselfleisch und Schweinebauch. Je nach Region serviert mit Erbswurst, Sauerkraut, Kartoffeln, frischem Bauernbrot, Wurstsuppe und Wurstfett. Ein Festessen, häufig mit einer kleinen Feier im Anschluss gekrönt, ganz eines hohen Feiertags würdig.

Und am Ende der Hausschlachtung hatte die Familie für die nächste Zeit wieder Fleisch- und Wurstvorräte, von denen sie wusste, woher das Fleisch kam, was das Schwein gefressen hatte, wie es aufgezogen wurde und wie es lebte. Alles Dinge, die wir uns heute wünschen und unter den Begriffen »Nachverfolgbarkeit« und »Qualität« zusammenfassen. Kein Wunder, dass das »Ritual« der Hausschlachtung gerade wieder eine Renaissance erlebt.

Einmal trug es sich zu, dass ein geladener Gast bei einem solchen Mahl an der reich gedeckten Festtafel bereits ausgiebig vom frisch Gehackten »naschte« und keinen Brösel mehr für die anderen übrig ließ, während die Helfer, etwa zehn an der Zahl, noch in der Wurstküche beschäftigt waren. »Hackfleisch ess ich gern!« hieß es entschuldigend aus seinem Munde und man munkelte, dass es mehrere Pfund desselben gewesen seien. Offenbar gut gewürzt und abgeschmeckt.

Geschmorte Hungener Lammkeule in Burgundersauce

»Besser einmal ein Lamm geschlachtet, als dreimal Marmelade gekocht!« – Eine vielsagende Weisheit aus der Schäferstadt Hungen, aus der unser Rezept stammt. Seit 1922 findet dort das sogenannte Schäferfest statt, das dem Beruf des Schäfers zu mehr Ansehen verhelfen soll. Unter anderem wird dort am Festsonntag das »Schäfer-Königspaar« gekrönt und vielerlei Rezepte und Weisheiten um die Lämmer und Schafe zwischen Berufskollegen ausgetauscht.

1 entbeinte Lammkeule (ca. 1 kg)	mit
Salz, grober Pfeffer	rundum einreiben.
2 Knoblauchzehen	
2 Thymianzweige	
2 Rosmarinzweig	in die Lammkeule füllen.
20 ml Olivenöl	im Topf erhitzen, Lammkeule einlegen und kräftig rundum anbraten. Währenddessen
200 g Karotten	
200 g Knollensellerie	und
400 g Zwiebeln	putzen, bzw. schälen und grob würfeln. Die angebratene Lammkeule entnehmen und zur Seite stellen. Karotten, Sellerie und Zwiebeln in den Topf geben und ebenfalls kräftig anbraten.
1 EL Tomatenmark	zugeben und kurz mitrösten, dann das überschüssige Fett aus dem Topf abgießen.
2 EL Mehl	über das Gemüse stäuben, gut durchrühren und mit

Lämmerkarussell

Holzheimer Schafe

Fleischgerichte – mit Lamm oder Wild | 111

Das Fohnbachtal bei Krofdorf-Gleiberg – im Hintergrund der Gleiberg

300 ml trockener Burgunder	ablöschen. Die Lammkeule wieder einlegen und mit
1,5 l Fleischbrühe (vorzugsweise vom Lamm)	übergießen. Die Keule sollte zu etwa ein Drittel in Flüssigkeit liegen.
1 EL Wacholderbeeren	
1 Nelke	
2 Lorbeerblätter	zerdrücken und zugeben. Den Topf mit einem Deckel zudecken und zum Kochen bringen. Dann im Backofen bei 200 °C etwa 1,5 Stunden schmoren. Zwischendurch die Keule mehrmalig drehen und ggf. etwas Wasser nachfüllen. Wenn die Keule weich ist, aus dem Topf nehmen und warm stellen. Die Sauce durch ein feines Sieb gießen und gut durchdrücken. Die Sauce dann bis zur gewünschten Konsistenz einkochen/reduzieren. Anschließend mit
Salz, Pfeffer	
Knoblauch	abschmecken. Die Keule aufschneiden und auf einem vorgewärmten Teller mit der Sauce servieren.

> Dazu passen zum Beispiel grüne Speckbohnen und Kartoffelgratin.
> Ich empfehle dazu einen kräftigen Spätburgunder Rotwein.

Lammkeule ... bei Niedrigtemperatur aus dem Smoker

Patrick Schmider, Küchenmeister, Gießen

1 entbeinte Lammkeule (ca. 1 kg)	parieren (von Sehnen und Haut befreien).
2 Knoblauchzehen	und
2 Rosmarinzweige	hacken.
grober Pfeffer	
20 ml Olivenöl	zugeben und die Lammkeule mit den Gewürzen rundum einreiben. Dann in Klarsichtfolie einwickeln und etwa 24 Stunden in der Kühlung marinieren lassen. Auspacken und mit reichlich
Meersalz (grob)	einreiben. Ein Bratenthermometer in die Mitte der Lammkeule stechen und bei 80 bis 100 °C im Smoker auf eine Kerntemperatur von 58 °C (medium) bringen. Anschließend in einer heißen Pfanne in
2 – 3 EL Olivenöl	rundum scharf anbraten. Dabei darauf achten, dass die Marinade nicht verbrennt. Tranchieren und servieren.

Dazu passen Bärlauchbutter, Grillgemüse und eine Folienkartoffel. Als Getränke eignen sich ein kräftiger Rotwein oder ein frisches Bier.

Schäfer mit Schafen in der Wieseckaue

Wildschweinkeule aus der Glut
(für Outdoor-Fans und Puristen)

Saskia Sonneborn-Stahl, Schlemmerherz, Heuchelheim

	Zuerst ein großes Feuer machen, wichtig ist viel Glut
1 Wildschweinkeule (2 – 2,5 kg)	entbeinen.
1 Bund Rosmarin	und
1 Bund Thymian	waschen.
10 Knoblauchzehen	nicht schälen, sondern mit einem Teller nur einmal fest auf der Arbeitsfläche zerdrücken. Von
3 unbehandelte Zitronen	die Schale abreiben und in
8 EL gutes Olivenöl	30 Minuten ziehen lassen. Knoblauch und Zitronenöl mischen und die Keule damit innen und außen gut einreiben. Die vorbereiteten Kräuter in die Keule füllen. Mit
Meersalz (grob), Pfeffer (frisch gemahlen)	großzügig würzen. Die Keule stramm in 2 Lagen Alufolie wickeln. Sobald das Feuer heruntergebrannt ist, in die Glut legen und mit weiterer Glut abdecken. Nach 2,5 bis 3 Stunden ist sie gar.

»Feuerwehreinsatz« im Brandcontainer

platte Kartoffeln

1 kg Drillinge	waschen und mit Schale im Salzwasser gar kochen. Abgießen und abkühlen lassen. Die kalten Kartoffeln auf ein mit Backpapier ausgelegtes Backblech legen und mit der Hand plattdrücken. Anschließend die Kartoffeln mit einer Mischung aus
12 EL Olivenöl	
2 TL Pimenton de la Vera, mild (spanisches Paprikapulver mit Raucharoma)	großzügig einpinseln. Mit etwas
grobes Meersalz	bestreuen und bei 225 °C im Ofen etwa 30 Minuten knusprig backen, bis die Ecken braun werden.

Ein kräftiger Rotwein, beispielsweise eine fast vergessene Rebe »St. Laurent« vom Kalkmergel, trocken ausgebaut vom Weingut Bernhard in Wolfsheim/Rheinhessen, ergänzt dieses wunderbare Rezept hervorragend.
Wenn möglich, besorgen Sie die Wildschweinkeule bei einem Jäger Ihres Vertrauens.

114 | Fleischgerichte – mit Lamm oder Wild

Gegenverkehr

Johannisbeeren im Gegenlicht

Wildragout mit Kräutern in würzigem Starkbier-Sud

250 g Zwiebeln	pellen, grob würfeln.
100 g Karotten	und
100 g Sellerie	putzen, in feine Scheiben schneiden.
1 kg Wildfleisch	würfeln (wie für Gulasch) und mit
Meersalz, Pfeffer (frisch gemahlen)	großzügig würzen. In
2 EL Butterschmalz	scharf anbraten. Zwiebeln mitschwitzen und leicht Farbe annehmen lassen. Sellerie und Karotten zugeben und ebenfalls kurz mitschwitzen.
1 EL Tomatenmark	zugeben, nur kurz mitschwitzen (Achtung: wird sonst bitter).
1 Pck. Wildgewürz	zugeben, schnell umrühren, mit
100 ml Rotwein	ablöschen und einreduzieren, bis das Fleisch wieder anfängt zu braten. Dann
600 – 900 ml Starkbier, am besten das süße Holy Cowl Klosterbier	aufgießen und langsam zugedeckt garen. Dabei soll das Fleisch immer zu einem Drittel in Flüssigkeit liegen (ggf. auffüllen). Kurz vor Ende des Garprozesses

Fleischgerichte – mit Lamm oder Wild | 115

1 Sträußchen Thymian	
1 Rosmarinzweig	
1 Lorbeerblatt	und
1 Nelke	zugeben und noch kurz mitkochen, bis das Fleisch gar ist.
2 geh. EL Johannisbeergelee	einrühren und das Ragout mit
Meersalz, Pfeffer (frisch gemahlen)	
Zucker	und
Balsamico-Essig	abschmecken. Konsistenz überprüfen und bei Bedarf abbinden oder die Sauce einkochen lassen. Das Ragout soll gerade so viel Flüssigkeit haben, dass die Fleischstücke davon benetzt sind (nicht zu flüssig). Zur Garnitur
50 g Zwiebeln	in feine Streifen schneiden und in
1 EL Butterschmalz	in einer Pfanne anschwitzen.
250 g frische Pilze	in feine Scheiben schneiden und zu den Zwiebeln geben. Mit
Meersalz, Pfeffer (frisch gemahlen)	würzen, kräftig anbraten und über dem angerichteten Wildragout verteilen. Als Topping je einen von
4 EL Schmand	auf jeden Teller geben.

> Dazu passen zum Beispiel Apfelrotkohl (Rezept Seite 51) und Kartoffel-Maronen-Knödel (Rezept Seite 57) oder auch einfach frische Eierspätzle. Als Getränke empfehlen sich das verwendete Bier oder auch ein Pinot noir vom Weingut Adam aus Partenheim in Rheinhessen.

Rehe in der Abenddämmerung

Wildschweinkoteletts nach römischer Soldatenart

Die römischen Legionäre waren in erster Linie Selbstversorger und mussten sich überwiegend mit dem Angebot in ihrer Umgebung arrangieren. Dennoch waren sie recht versierte Köche. Frei nach Apicius, der wohl das älteste existierende Kochbuch verfasst haben soll, könnte etwa so ähnlich ein typisches Wildgericht der Römer ausgesehen haben – angepasst an unsere heutigen Zutaten und Gewürze.

1 Msp. Fenchelsamen	
1 Msp. Koriandersamen	
1 Msp. Selleriesamen	
1 Msp. Kreuzkümmel (Cumin)	in einer schönen, servierfähigen, breiten Pfanne (in der später auch die Koteletts gebraten werden) ohne Fettzugabe 10 bis 20 Sekunden anrösten und dann im Mörser zerstoßen.
½ Lorbeerblatt	
1 Msp. grobes Meersalz	und
½ TL weiße Pfefferkörner	zugeben und ebenfalls fein zerstoßen.
1 Sträußchen Thymian	und
1 Rosmarinzweig	zupfen und fein hacken.
1 Frühlingszwiebel	pellen, fein schneiden.
1 Knoblauchzehe	pellen, fein hacken. Alle Zutaten in eine Schüssel geben und mit
½ EL Waldblütenhonig	sowie
2 –3 EL Garum (typische Fischsauce)*	gut vermischen. Zur Seite stellen.
8 mittelgroße Wildschweinkoteletts	abtupfen und mit

Wildwutzi

Fuchs

Schloss in Hungen (gehört heute einer Eigentümergemeinschaft)

Lich, Schloss der Fürsten zu Solms-Hohensolms

Meersalz, Pfeffer (frisch gemahlen)	würzen. In
4 EL Öl	kräftig anbraten, so dass eine Kruste entsteht, sofort wieder herausnehmen, damit das Fleisch nicht austrocknet. Bei etwa 60 bis 70 °C warm stellen. Den Bratensatz mit
20 ml Portwein	ablöschen und
100 ml Rotwein	
50 ml Wasser	auffüllen. Die Gewürze zufügen und etwa 5 Minuten leicht kochen lassen. Die Sauce durch ein Sieb in ein kleines Töpfchen umfüllen, gegebenenfalls eindicken und abschmecken.
4 Datteln	in feine Streifen schneiden und zur Sauce geben. Danach
1 EL Butter	in die Pfanne geben,
2 TL Pinienkerne (oder Mandelstifte)	zugeben und anrösten, dabei soll die Butter leicht aufschäumen. Pfanne vom Herd ziehen, die Koteletts in die Pinienbutter legen, mehrfach darin wenden und dann mit der Sauce überziehen und in der Pfanne servieren.

* Garum, auch Liquamen genannt, ist eine aus Fischen hergestellte Standard-Würzsauce der Römer, etwa vergleichbar mit der vietnamesischen Fischsauce »nuoq mam« bzw. der thailändischen »nam pla«. Zu beziehen im Feinkosthandel oder über das Internet.
Den Römern waren Kartoffeln unbekannt, als Beilagen wurden häufig Breie aus Hülsenfrüchten oder Gemüsen verzehrt. Aber natürlich kann man heute auch einen deftigen Kartoffel- oder Semmelknödel dazu servieren.

Omas Zwetschgenknödel mit brauner Butter

Knödel

8 Zwetschgen (von der Streuobstwiese)	entsteinen, halbieren und mit je
1 Stück Würfelzucker	füllen. Zur Seite stellen.
500 g mehlig kochende Pellkartoffeln (vom Vortag)	mit einer Reibe auf eine bemehlte Arbeitsfläche reiben. In die Mitte eine Mulde drücken.
2 Eier	
1 Eigelb	
1 Prise Salz	und
100 g Mehl	hinzufügen und zu einem glatten Teig verarbeiten. In Klarsichtfolie verpackt für 30 Minuten ruhen lassen. In einem breiten Topf reichlich gesalzenes Wasser zum Kochen bringen. Zwischenzeitlich den Teig zu einer Rolle formen und in 8 gleichmäßige Scheiben schneiden. Jede Scheibe einzeln in der Hand mit einer Pflaume belegen und zu einem Knödel formen. Darauf achten, dass die Knödel rundum schön gleichmäßig und vollständig verschlossen sind. Die Knödel in fast kochendem Salzwasser etwa 15 Minuten langsam ziehen lassen, nicht kochen (ohne Deckel!!!), bis sie an der Oberfläche schwimmen.

> Zusammen mit Zimt und Vanillesauce (Rezept Seite 142) kann dieses Gericht auch als Dessert serviert werden.

braune Butter

100 g Butter	in einer Pfanne mit
2 – 3 EL brauner Rohrzucker	schmelzen und darin
50 g Semmelbrösel	bräunen. Beim Anrichten auf die Knödel geben.

Goldammer

Bergfink

Buntspecht auf altem Zwetschgenbaum

Rote-Bete-Knödel mit Ricotta und Blauschimmel-Käsesauce

200 g altbackenes Weißbrot oder Toast	klein würfeln und zur Seite stellen.
100 ml Rote-Bete-Saft	mit
50 g Butter	aufkochen und über dem Brot verteilen. Etwa 30 Minuten ziehen lassen. Inzwischen
200 g gegarte Rote Bete im Vakuumbeutel	zusammen mit
2 Eier	
200 g Ricotta oder abgehangener Quark	und
50 g Parmesan am Stück	in der Küchenmaschine pürieren und unter die Brotmasse geben. Alles zu einem glatten Teig verarbeiten. Mit
Salz, Pfeffer aus der Mühle	sowie
Muskatnuss (frisch gerieben)	würzen und gut durchkneten. Einen kleinen Probeknödel formen und in heißem Salzwasser 10 Minuten ohne Deckel ziehen lassen (nicht kochen!). Den Probekloß probieren und die Masse bei Bedarf nachwürzen. Wenn der Knödel nicht stabil genug ist, die Masse mit
1 – 2 EL Grieß oder Instantmehl	verstärken und erst dann daraus gleich große Knödel formen.
2 l Salzwasser	mit
400 ml Rote-Bete-Saft	mischen und zum Kochen bringen. Die Knödel etwa 15 Minuten ohne Deckel darin ziehen lassen (nicht kochen!). Danach herausnehmen. Inzwischen
300 g Blauschimmelkäse (oder Gorgonzola)	würfeln, in
200 ml Sahne	langsam erhitzen und auflösen. Mit
Salz, Pfeffer aus der Mühle	abschmecken und mit dem Stabmixer zu einem Schaum aufmixen. Zusammen mit den Knödeln auf vorgewärmten Tellern servieren.
100 g Butter	bräunen und die Knödel damit übergießen. Als Garnitur
50 g Rucola	zupfen und über die Knödel geben.

Vegetarische Hauptgerichte

Frische Pfifferlinge

Mangold

Mangoldknödel mit Pfifferlingen

200 g altbackenes Weißbrot oder Toast	in kleine Würfel schneiden.
200 ml Milch	aufkochen und über dem Brot verteilen. Etwa 30 Minuten ziehen lassen. Inzwischen
800 g frischer Mangold (alternativ Spinat oder Bärlauch)	putzen, waschen, grob hacken und in
50 g Butter	abgedeckt in einer Pfanne kurz anschwitzen, bis der Mangold im Volumen etwas zusammenfällt. Mit
Salz, Pfeffer aus der Mühle Muskatnuss (frisch gerieben)	würzen und abkühlen lassen. Dann grob hacken und zum Brot geben.
1 mittelgroße Zwiebel	und
1 kleine Knoblauchzehe	schälen und fein würfeln.
400 g frische, kleine Pfifferlinge	putzen, abbürsten und abbrausen. In einem Tuch abtrocknen.
50 g Butter	in einer Pfanne zerlassen. Zwiebeln und Knoblauch darin anschwitzen, je nach Größe 8 bzw. 16 schöne Pfifferlinge darin mitbraten, mit
Salz, Pfeffer aus der Mühle	würzen. Die Pfifferlinge entnehmen und als Füllung zur Seite stellen. Den Knoblauch mit den Zwiebeln zu Masse geben.
2 Eier	aufschlagen und ebenfalls in die Knödelmasse mischen. Mit
Salz, Pfeffer aus der Mühle Muskatnuss (frisch gerieben)	und würzen und gut durchkneten. Einen kleinen Probeknödel formen und in heißem Salzwasser 10 Minuten ohne Deckel ziehen lassen (nicht kochen!). Den Probekloß probieren und die Masse eventuell nochmals nachwürzen. Wenn der Knödel nicht stabil genug ist, mit

Vegetarische Hauptgerichte | 121

1 – 2 EL Mehl	die Masse verstärken und erst dann 8 gleich große Knödel formen. In die Mitte die 8 bzw. 16 Pfifferlinge für die Füllung einarbeiten. Dann die Knödel in reichlich heißem Salzwasser 12 bis 15 Minuten ohne Deckel ziehen lassen (nicht kochen!). Inzwischen
50 g rote Mangoldblätter (alternativ Rote-Bete-Blätter oder Rucola)	putzen, waschen, trockenschleudern und als Garnitur zur Seite stellen.
1 mittelgroße Zwiebel	und
1 kleine Knoblauchzehe	schälen und in feine Würfel schneiden.
100 g Butter	in einer Pfanne zerlassen. Zwiebeln und Knoblauch darin anschwitzen und den Rest der Pfifferlinge darin anbraten. Mit
Salz, Pfeffer aus der Mühle	würzen. Knödel entnehmen, in tiefen Pastatellern anrichten, mit der Pfifferling-Butter toppen und mit
50 g frisch geriebener Parmesan	und den Mangoldblättern bestreuen.

> Anstatt mit Pfifferlingen kann der Knödel auch mit Büffelmozzarella oder anderen leckeren Käsesorten aus der Hungener Käsescheune oder aus der Gießener Käseglocke gefüllt werden.

Bunte Knödel-Trilogie

Eine besonders eindrucksvolle Optik erhält man, wenn man »dreifarbige« Knödel serviert. Dazu einfach die Rote-Bete-Knödel (Rezept Seite 119), die grünen Mangoldknödel (Rezept Seite 120) und das Semmelknödelsoufflé (Rezept Seite 59) auf einem länglichen Teller kombinieren (das Rezept kann man nämlich auch als »normale« runde Semmelknödel abdrehen). Die Knödel-Trilogie mit dem Walnusspesto (Rezept Seite 130) servieren. Ein Erlebnis für Auge und Gaumen.

Justus Liebig, sein Leben und Schaffen – nicht immer leichte Kost

Jennifer Liebig, Dornholzhausen

Wenn man in einem Ort heranwächst, in dem man in der Liebigstraße wohnt, in die Liebigschule geht, in der Liebig-Apotheke seine Arznei holt, auswärtige Besucher im Liebig-Hotel unterbringt, und es mit dem gleichen Namen auch noch ein Museum gibt, dann befindet man sich wahrscheinlich in dem Universitätsstädtchen Gießen. Hier ist es ganz normal ständig mit diesem Namen konfrontiert zu werden, vor allem, wenn die bedeutende Justus-Liebig-Universität das Aushängeschild der Stadt darstellt. Kommt man aber als Besucher nach Gießen, wird man sicherlich irgendwann fragen: »Wer zum Teufel ist dieser Liebig?« Spätestens dann wird man von den Einheimischen Richtung »Liebig Museum« geschickt. Dort, fast am Gießener Hauptbahnhof gelegen, erfährt man Erstaunliches. So hat dieser Liebig doch so einiges in seinem Leben geleistet – doch ist das Grund genug dafür, dass so vieles nach ihm benannt wurde?

Was dieser Mann, der 1803 in Darmstadt geboren wurde, alles erfunden und erforscht hat, weiß auch der Einheimische oft nicht. Die meisten Dinge davon benutzen wir fast täglich ohne zu wissen, wem wir sie zu verdanken haben.

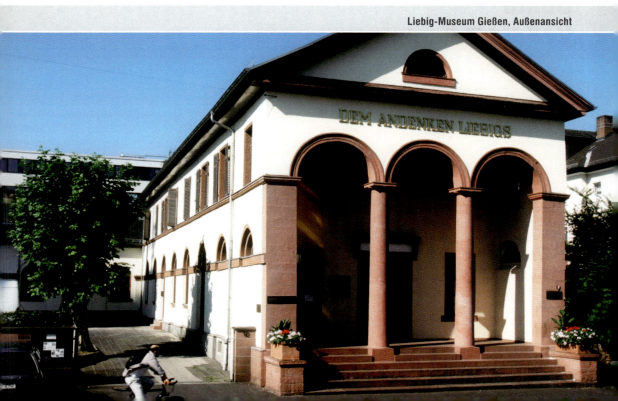

Liebig-Museum Gießen, Außenansicht

Vegetarische Hauptgerichte | 123

Liebig-Gedenktafel am Liebig-Museum Gießen

Wenn wir zum Beispiel unserem perfekt gestylten »Guten-Morgen-Gesicht« gegenüberstehen und uns davon überzeugen, wie lange oder kurz die Nacht wirklich war, dann haben wir das Justus Liebigs Silberspiegel zu verdanken. Er löste den hochgiftigen Quecksilberspiegel ab. Aber das ist noch nicht alles. Schon früh, in der Werkstatt seines Vaters, versuchte er, das von Schaustellern auf Jahrmärkten vorgeführte nachzustellen und interessierte sich sehr für die Chemie und chemisch orientierte Handwerkerwerkstätten, wie z.B. Gerbereien. Dementsprechend entwickelte er seine Beobachtungsgabe und sein experimentelles Geschick. Und schon im Alter von 16 Jahren eignete er sich die zu diesem Zeitpunkt bekannte chemische Literatur der Hofbibliothek an, natürlich noch ganz unsystematisch. Wer nun aber glaubt, dass dieser intelligente junge Mann die Schule wahrscheinlich durchflogen haben muss, der irrt. Tatsächlich beendete er die Schule schon in der elften Klasse. Einer seiner Lehrer schrieb sogar in sein Zeugnis, dass er nicht glaube, dass Liebig auch nur eine Apothekerlehre abschließen könne. Tatsächlich musste er eine solche Lehre bereits nach zehn Monaten abbrechen, da er durch seine privaten Versuche mit Knallsilber im Dachstuhl der Apotheke einen Brand verursacht hatte.

Vegetarische Hauptgerichte

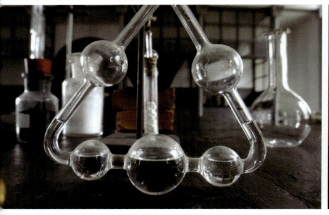

Kugelapparat im Liebig-Museum Gießen

Experimentalvorlesung im Liebig-Museum Gießen

So entschied er sich im Alter von 17 Jahren schließlich für ein Studium der Chemie in Bonn und Erlangen. Dort begann er nach nur drei Semestern mit seiner Doktorarbeit, die er noch im gleichen Jahr abschloss. Sein Lehrer Karl Kastner, der Liebigs Talent schon früh entdeckte, erwirkte beim Großherzog von Hessen ein Stipendium an der Universität Sorbonne in Paris, wo er von den besten Chemikern seiner Zeit unterrichtet wurde. Seine Arbeiten über das Knallsilber machten ihn schließlich in der Chemiewelt bekannt. So wurde der Naturforscher Alexander von Humboldt auf ihn aufmerksam. Dieser empfahl ihn beim Großherzog von Hessen so sehr, dass Liebig unverzüglich, im Alter von 21 Jahren, als außerordentlicher und ein Jahr später als ordentlicher Professor an die Ludwigs-Universität nach Gießen versetzt wurde. Leider war zu dieser Zeit das Interesse an Chemie und deren Wichtigkeit noch nicht erkannt, und so musste Liebig die meisten benötigten Apparaturen, Stoffe und Hilfsmittel für Versuche aus eigener Tasche zahlen. Trotzdem fand er bei den Gießener Studenten auf Grund seiner Unterrichtsmethoden schnell großes Interesse und Zulauf. Zudem machten seine Entdeckungen und Schriften zusammen mit seinen ungewöhnlichen Vortragspraktiken ihn in ganz Europa bekannt. Auch heute noch befindet sich der originale Lehrraum, in dem Liebig gewirkt hat, inklusive Möbel im Liebigmuseum. So kann man im Museum bei einem Rundgang einen Hauch Geschichte erleben.
Liebig war ein sehr gefragter Mann, wenn es um die Chemie ging. Berufungen an die Universitäten in ganz Europa lehnte er ab, konnte aber durch Verhandlungen seine finanzielle und berufliche Situation verbessern. Ebenfalls zeigte er großes Interesse an der Agrarwirtschaft, denn zu dieser Zeit herrschten immer wieder Hungersnöte. Und so entwickelte er einen wasserlöslichen Dünger, der auch heute noch der weltweit meistverwendete Phosphatdünger ist. Hierdurch verbesserte sich die Nahrungsversorgung in der zweiten Hälfte des 19. Jahrhunderts schlagartig. Schließlich nahm Liebig 1852 aber doch eine Berufung in München an, nachdem König Maximilian II. von Bayern ihm den Bau eines neuen chemischen Instituts, eines Wohnhauses und weitgehende Freiheit in Lehre und Forschung der Chemie garantierte. Dort überließ

Liebig den Hauptteil seiner Vorlesungen seinen Assistenten und widmete sich bis zu seinem Tod 1873 größtenteils der Forschung. Als 1852 die Tochter eines Freundes an Cholera erkrankte, hatte er die Idee eine Art Fleischextrakt zu entwickeln, mit dessen Hilfe Menschen mit schweren Magen- und Darmerkrankungen vor dem Tod gerettet werden konnten. So kam es, dass er im Laufe der Zeit einiges erfand, dass auch heute noch in vielen Küchen zu finden ist. Er entwickelte den Vorläufer der heutigen Babynahrung, das Backpulver, das die leicht verderbliche Hefe ersetzen sollte, und auch der Fleischextrakt wurde zum Vorläufer der heutigen Speisewürzen wie Maggi oder Knorr. Auch wenn in diesem Buch die Verwendung von frisch hergestellten Saucen im Vordergrund steht und Liebigs »Saucenwürfel« nur eine Notlösung darstellen sollte, war es damals eine bahnbrechende Erfindung.

Wenn wir also täglich diese Dinge benutzen, wissen wir nun, wem diese Bequemlichkeiten zu verdanken sind. Wenngleich Liebig auch durch seine vielen hilfreichen Erfindungen und Forschungen nie reich geworden ist, so hat er uns doch sehr viel gegeben, um unseren Alltag noch etwas leichter zu machen. Eine Reise in sein Museum und damit auch in seine Zeit ist es auf jeden Fall wert. Wer sich also schon immer gefragt hat: »Wer ist nur dieser Liebig, der in ganz Gießen vertreten ist?« Dem kann man antworten: »Ein Mann, der es verdient hat, nicht in Vergessenheit zu geraten.«

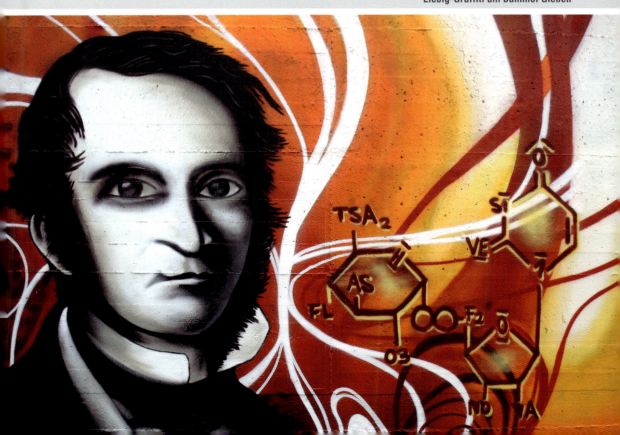

Liebig-Graffiti am Bahnhof Gießen

Bärlauchpuffer mit gebratenen Steinpilzen

Beides, Bärlauch und Steinpilze, findet man, wenn auch nicht zeitgleich, in den Wäldern rund um Gießen. Doch Vorsicht, wer sich nicht auskennt, sollte nicht selbst sammeln, denn es kann schnell zu unglücklichen Verwechslungen kommen. Alternativ auf tiefgefrorene Produkte zurückgreifen.

Bärlauchpuffer

1 kg Kartoffeln (vorwiegend festkochend)	schälen, waschen und auf der groben Seite einer Vierkantreibe in ein Küchentuch raspeln. Danach gründlich ein einem Küchentuch ausdrücken, damit die Masse später nicht zu wässrig wird.
5 Eier (Kl. M)	
2 EL blütenzarte Haferflocken	etwas
Salz, grober Pfeffer	und etwas
Muskatnuss	zu den Kartoffeln geben und gut vermischen.
2 rotbackige Äpfel	waschen, entkernen und in den Teig reiben (mit Schale)
2 mittelgroße Karotten (nach Geschmack auch Lauch und Sellerie)	schälen und ebenfalls dazureiben.
2 mittelgroße Zwiebeln	pellen, in feinste Würfel schneiden (ohne Wurzel) oder ebenfalls reiben und zugeben.
150 g Bärlauch	fein hacken und zur Masse geben. Alles gut vermengen.

Frisch gesammelte Steinpilze

Vegetarische Hauptgerichte | 127

Kloster Schiffenberg Außenansicht

Kloster Schiffenberg Innenansicht

200 g Butterschmalz	in einer großen Pfanne erhitzen. Eine kleine Teigmenge in die heiße Pfanne geben und probeweise ausbacken. Abschmecken, falls die Masse zu weich ist, mit etwas
Stärke	nachträglich binden. Den Teig mit einer passenden Kelle oder Esslöffeln zu etwa ½ cm dicken Puffern formen (je dünner und kleiner, desto knuspriger werden sie). Bei mittlerer Hitze schwimmend von jeder Seite goldbraun backen. Evtl. etwas Butterschmalz oder Öl nachgießen. Ein Blech mit Küchenpapier auslegen. Die fertigen Puffer nebeneinander darauflegen und im heißen Ofen bei 100 °C warm halten.

gebratene Steinpilze

400 g waldfrische Steinpilze	putzen, mit einem nassen Tuch abreiben und in Scheiben schneiden.
100 g Butter	in einer Pfanne zerlassen.
2 Knoblauchzehen	pellen, hacken und zur Butter geben. Die Steinpilzscheiben in der Butter goldgelb anbraten. Mit wenig
Salz, grober Pfeffer	und
3 Thymianzweige	würzen und mit den Puffern servieren.

> Dazu schmeckt ein Quitten-Chutney (Rezept Seite 136) oder eine Knoblauch-Schmand-Tunke.
> Variationsmöglichkeiten: mit gebratenem Speck in Streifen oder mit kross gebratenen Baconscheiben / mit gehacktem Spinat oder Mangold statt Bärlauch / mit gehackten Walnüssen in der Kartoffelmasse.

Handkäs'-Flammkuchen mit Grüner Sauce (für 1 Kuchenblech)

Den Backofen auf höchster Stufe vorheizen. Wünschenswert sind 300 °C, es geht aber auch mit 250 °C. Wer einen Pizzastein besitzt, kann diesen auch bei 250 °C für 45 Minuten vorheizen um optimale Ergebnisse zu erzielen.

½ Packung Grüne-Sauce-Kräuter	putzen, waschen, trockenschleudern und grob hacken. Zur Seite stellen.
250 g »Milchproduktemix« (z.B. aus Quark, Schmand, saure Sahne, Crème fraîche)	herstellen (was der Kühlschrank gerade hergibt, einfach alles vermischen).
1 Eigelb	unterrühren. Mit
Salz, Pfeffer aus der Mühle	und
Muskatnuss (frisch gerieben)	würzen und abschmecken.
100 g rote Zwiebeln	pellen, in dünne Ringe schneiden oder hobeln.
1 rotbackiger Apfel	waschen, ausstechen und mit Schale in dünne Ringe schneiden oder hobeln.
2 Stangen Frühlingszwiebeln	sowie
200 g Bauernhandkäse (nach Geschmack mit Kümmel)	in feine Scheiben schneiden. Alles getrennt bereitstellen.
250 g Flammkuchenteig aus dem Kühlregal	auf einer bemehlten Arbeitsfläche so dünn wie möglich ausrollen und mit der Milchprodukte-Masse gleichmäßig dünn bestreichen. Mit den vorbereiteten Auflagen (außer Grüne Sauce) gleichmäßig belegen, Handkäse zum Schluss auflegen. Wer möchte, kann
1 Knoblauchzehe	klein hacken und auf dem Flammkuchen verteilen. Den Flammkuchen je nach Backofen und Temperatur 4 bis 6 Minuten auf unterster Schiene bei Unter- und Oberhitze backen. Nochmals mit
Pfeffer	würzen. Sofort mit den frischen Grüne-Sauce-Kräutern bestreuen und servieren.

> Wenn das Gericht nicht vegetarisch sein soll, 100 g fein gewürfelten Speck auflegen. Dazu passt ein trockener Weißwein, ein Rosé oder typisch hessisch: ein Äppler aus dem »Geribbte«.

Geale Schnitte (gelbe Schnitten) – Arme Ritter

Ein süßes, mittlerweile bundesweit bekanntes Hauptgericht, das aus übrig gebliebenem Weißbrot, Brötchen oder Rosinenbrötchen hergestellt werden kann.

4 Eiweiße	in einem Becher mit dem Rührgerät zu Eischnee schlagen und kühl stellen.
1 Vanilleschote	längs aufschneiden und das Vanillemark auskratzen.
½ Zitrone	auspressen.
50 g Butter	leicht anbräunen und zur Seite stellen. Nun
300 g Mehl	in eine Schüssel geben und nach und nach
200 ml Milch	
200 ml Sahne	einfließen lassen und mit dem Rührgerät zu einem glatten, klümpchenfreien Teig schlagen.
4 Eigelbe	
100 g Zucker	
2 cl Weinbrand oder Grand Marnier	und
1 Prise Salz	zusammen mit dem Vanillemark, dem Zitronensaft und der flüssigen Butter zufügen und glatt rühren. Etwa 20 Minuten ruhen lassen. Dann den Eischnee vorsichtig unterheben.
6 Rosinenbrötchen (o.Ä.)	aufschneiden und etwa 10 Minuten im Teig einweichen.
100 – 200 g Butterschmalz	in einer Pfanne erhitzen, die eingeweichten Brötchen darin langsam goldbraun ausbacken. Gegebenenfalls weiteres Butterschmalz oder eventuell auch Öl ergänzen.

> Die geale Schnitte werden je nach Wunsch mit Zimt und Zucker serviert oder mit Apfelmus oder Vanillesauce (Rezept Seite 142) gereicht. Sehr gut passen auch eingelegte Pflaumen oder Kirschen dazu.

Burg Gleiberg in Wettenberg

Ev. Kirche in Wettenberg Wißmar

Pesto

Italienisch für »zerstampfen«, wird klassisch mit einem Mörser hergestellt, was allerdings etwas Zeit und Kraft kostet. Wer die Arbeit nicht scheut, zermahlt zunächst die jeweiligen Kräuter- und Nuss-Bestandteile im Mörser, danach werden gehackter Knoblauch und geriebener Parmesan sowie die übrigen Bestandteile zugefügt und abgeschmeckt. Für »Schnelle« geht das aber auch mit dem Zauberstab. Hierbei den Parmesan erst zum Schluss zugeben und nicht zu lange mixen, sonst schmeckt das Pesto schnell bitter und setzt sich oftmals ab.

Walnusspesto

Pasta mit Kräutern und gebratenen Scampi

50 g Blattpetersilie	waschen, von den Stielen befreien und gut ausschleudern.
100 g Walnusskerne	
2 Knoblauchzehen	
50 g Parmesan oder Pecorinokäse	
30 ml Rapsöl (oder Walnussöl)	und den Saft von
½ Zitrone	
1 TL Zucker	sowie
Salz	bei Bedarf und
Pfeffer (frisch gemahlen)	in einen Mixer geben. Alles fein pürieren (geht auch mit dem Zauberstab). Die Konsistenz des Pesto sollte zähflüssig sein. Eventuell mit zusätzlichem Öl korrigieren.

Bärlauchpesto

100 g Bärlauch	waschen, von den Stielen befreien und gut ausschleudern. Mit
100 g Pinienkerne (oder Mandeln)	und
2 Knoblauchzehen	im Mörser fein zerstoßen. Nun
30 ml Rapsöl	und den Saft von
½ Zitrone	zugeben.
50 g Parmesan oder Pecorinokäse	hinzufügen und mit
1 TL Zucker	
Salz	bei Bedarf und
Pfeffer (frisch gemahlen)	abschmecken. Die Konsistenz des Pesto sollte zähflüssig sein. Eventuell mit zusätzlichem Öl korrigieren.

> Kann auch mit Feldsalat oder Rucola hergestellt werden.

Kürbiskernpesto

50 g Blattpetersilie	waschen, von den Stielen befreien und gut ausschleudern.
100 g Kürbiskerne	leicht anrösten.
2 Knoblauchzehen	
50 g Parmesan oder Pecorinokäse	
30 ml Rapsöl	
10 ml steirisches Kürbiskernöl	und den Saft von
½ Zitrone	
1 TL Zucker	
Salz	bei Bedarf sowie
Pfeffer (frisch gemahlen)	in einen Mixer geben. Alles fein pürieren (geht auch mit dem Zauberstab). Die Konsistenz des Pesto sollte zähflüssig sein. Eventuell mit zusätzlichem Öl korrigieren.

Grey Star-Kürbis

Pesto von getrockneten Tomaten

100 g getrocknete Tomaten	in wenig kochendem Salzwasser etwa 5 Minuten ziehen lassen, dann abgießen und den Fond auffangen.
100 g Pinienkerne (oder Mandeln)	in einer Pfanne ohne Öl anrösten.
2 Thymianzweige	zupfen. Alles, außer dem Fond, in einen Mixer geben.
2 Knoblauchzehen	
50 g Parmesan oder Pecorinokäse	
30 ml Rapsöl	den Saft von
½ Zitrone	
1 TL Zucker	
Salz	bei Bedarf und
Pfeffer (frisch gemahlen)	hinzufügen und fein pürieren (geht auch mit dem Zauberstab). Die Konsistenz des Pesto sollte zähflüssig sein. Eventuell mit zusätzlichem Öl oder dem aufbewahrten Fond korrigieren.

Die Grundlage für Tomatenpesto

Echte Gießener Schlammbeiser

100 Dinge, die man getan haben muss? Ich kenne ein weiteres: einmal den Gießener Schlammbeiser umarmen und ein »Selfie« davon online stellen …

Wer einmal nach Gießen an die gemächlich dahinfließende Lahn kommt, der merkt recht schnell, dass der »Homo Aborigines Gissensis« etwas Besonderes im Rahmen der hessischen Evolution ist. Allein die sprachliche Entwicklung des Gießener Dialektes und des Dialektes des Umlands, die so manche possierliche Ausdrücke aufzeigt wie »gelle«, für Zustimmung oder »Nösschje« für Feldsalat, bietet schon Anlass für amüsante Anekdoten. Neben der manischen Sprache, einer Art »Zigeunersprache«, über die ganze Bücher verfasst wurden, ist weit über die Gießener Grenzen hinaus der markante Begriff »Schlammbeiser« für alteingesessene Gießener bekannt geworden. Und mit etwas Selbstironie bezeichnen sich die Gießener obendrein auch selbst so. Sogar Gedichte und Verse sind dem Schlammbeiser gewidmet, Vereine und Feste nach ihm benannt, Statuen und Denkmäler für ihn errichtet worden, obwohl das zu Grunde liegende Histörchen wohl eher nicht dazu verführen dürfte – glaubt man. Aber so ist er »der« Gießener, typisch hessisch querköpfig, manchmal auch etwas seltsam, aber immer liebenswert.

Eigentlich müsste es richtigerweise »Schlammp-Eiser« heißen, denn bevor Gießen ab dem Jahr 1904 über eine funktionierende geschlossene Kanalisation verfügte, hingen an den Häuserwänden unterhalb der Fenster sogenannte »Schwalbennester«, eine Art Außentoilette aus Holz, mit denen die Fäkalien bei Regen über ein Fallrohr in die offenen Abwassergräben gespült wurden. Doch der unerträgliche Gestank in den Gassen veranlasste die Stadt 1869 zu einem Verbot, die Fäkalien aus den Außentoiletten in die Abwassergräben fließen zu lassen. Danach wurden unter den Fallrohren Fäkalieneimer aufgestellt, die von städtischen Angestellten gegen Gebühr – und aufgrund der Fliegenplage und dem Geruch – nur in der Nacht regelmäßig geleert werden durften. Dazu zogen die Kanalreiniger mit Hilfe eines langen Eisenhakens die Eimer aus den Gassen, leerten diese und transportierten die Fäkalien (Schlammp) mit Hilfe von Schubkarren ab. Diese Eisenstangen nannte man »Schlammp-Eisen«, was zu dem »anrüchigen« Spitznamen »Schlammbeiser« führte.

1991 wurde der in Marburg geborene Regisseur und Autor Charly Weller für seinen Spielfilm »Schlammbeiser« mit dem Max-Ophüls-Förderpreis ausgezeichnet. Ende des Jahres 2005 wurde auf dem Gießener Kirchenplatz ein durch Spendengelder finanziertes Denkmal für den Gießener Schlammbeiser aufgestellt, dessen Erscheinungsbild an das Konterfei von Wilhelm Westbrock, Eigentümer der Kanalreinigungsfirma Willi Westbrock GmbH angelehnt ist.

Schlammbeiser Denkmal, Gießen

Quelle: Stadtarchiv Gießen, mit freundlicher Genehmigung

Kräutergarten

Basilikum-Cherrytomaten-Ketchup

100 g getrocknete Tomaten in Öl	abgießen und in feine Würfel schneiden.
½ Bund Basilikum	waschen, ausschleudern und in feine Streifen schneiden. Beides zur Seite stellen.
1 mittelgroße rote Zwiebel	und
2 Knoblauchzehen	schälen und fein würfeln.
1 Apfel	schälen, entkernen und würfeln.
400 g rote Cherrytomaten	waschen und in Viertel schneiden.
2 EL gutes Olivenöl	in einer Pfanne erhitzen. Knoblauch und Zwiebeln darin kurz anbraten, Apfelwürfel zugeben, kurz mitschwitzen.
2 EL Tomatenmark	zugeben und leicht mitrösten (nicht zu lange, sonst wird das Mark bitter). Kirschtomaten zugeben und langsam unter Rühren weich garen. Danach alles in einen Messbecher geben, mit
1 EL weißer Balsamico-Essig	und dem Saft von
½ Zitrone	
1 TL Rohrzucker	sowie
Meersalz, Pfeffer (frisch gemahlen)	würzen. Mit dem Stabmixer pürieren. Basilikum und getrocknete Tomatenwürfel unterheben. Nochmals abschmecken.

Statt Basilikum kann man auch Rucola oder Bärlauch verwenden. Einen besonders schönen Farbkontrast erhält man, wenn man statt roter Cherrytomaten gelbe Cherrytomaten benutzt. Dann aber das Tomatenmark weglassen.

Ehemaliges Franziskanerkloster in Grünberg

Grüne-Sauce-Kräuterbutter

250 g Butter (zimmerwarm)	in eine Schüssel geben.
100 g frische Grüne-Sauce-Kräuter	fein hacken, hinzufügen.
2 Frühlingszwiebeln	putzen, waschen, trockenschleudern.
1 Knoblauchzehe	pellen. Zwiebeln und Knoblauch fein hacken und zur Butter geben. Den Saft von
½ Zitrone	zugeben und alles gut miteinander verkneten. Mit
Meersalz (grob)	
Pfeffer (frisch gemahlen)	abschmecken. In kleine saubere Gläser abfüllen und kühlen oder einfrieren.

Alternativ kann man die Butter auch mit Bärlauch anstatt mit Grüne-Sauce-Kräutern herstellen.
Wenn die Butter als Vorrat dienen soll, beispielsweise zu gegrilltem Fisch oder Fleisch, die Butter mit dem Spritzbeutel auf Bleche spitzen und einfrieren. Wenn sie gefroren ist, in Tupperdosen umfüllen und bis zur Verwendung aufbewahren.

Knoblauch-Schmand-Mayonnaise

Justine Buß, Pohlheim

2 Knoblauchzehen	schälen.
1 TL Dijon-Senf	
2 Eigelbe	
1 Prise Salz	und
200 ml Rapsöl (zimmerwarm)	in einem sehr schmalen Messbecher mit dem Stabmixer pürieren. Dabei unbedingt den Stabmixer etwa 10 Sekunden ohne Bewegung am Boden des Messbechers halten. Erst wenn die Mayonnaise am Boden dick wird, den Stabmixer ganz langsam nach oben ziehen. Dabei emulgiert die Mayonnaise und wird dick. Mayonnaise in eine Schüssel umfüllen und
200 g Schmand	unterrühren. Dann mit dem Saft von
½ Zitrone	
1 TL Zucker	und
Pfeffer (frisch gemahlen), Salz	abschmecken. Als Garnitur
2 Frühlingszwiebeln	waschen, putzen und schräg in feine Ringe schneiden.

Fachwerkhäuser am Marktplatz Grünberg

Quitten-Chutney

2 große Quitten	Mit einem Küchentuch den Flaum der Quitten gut abrubbeln. Die Früchte dann gründlich abwaschen, entkernen und sehr fein würfeln.
2 milde, grüne Chilischoten	waschen, entkernen und in feine Streifen schneiden.
1 EL Butter	in einer Pfanne erhitzen,
2 EL Zucker	dazugeben und leicht karamellisieren lassen.
1 TL Rosmarinnadeln	klein hacken und zusammen mit den Chilistreifen in die Pfanne geben. Mit
1 Spritzer Weinbrand	und
1 Spritzer Grand Marnier	ablöschen und flambieren. Quitten zufügen und abgedeckt bei kleiner Hitze langsam einkochen. Wenn die Quitten gar sind, das Chutney mit
Salz, Pfeffer (frisch gemahlen)	und
Balsamicoessig (hell)	abschmecken und auskühlen lassen.

Landschaft um Buseck

Frische Kräuter und Pilze

»Kroner« Jägersauce – frische Champignonrahmsauce

Originalrezept der Familie Buß für ihr berühmtes Schnitzel

800 g frische Champignons	kurz unter fließendem Wasser abbürsten und abtropfen lassen, in feine Scheiben schneiden.
1 mittelgroße Zwiebel	
1 Knoblauchzehe	in feine Würfel schneiden.
25 g Butter	in einem passenden (breiten) Topf aufsetzen und ohne Bräunung erhitzen. Zwiebeln darin glasig dünsten. Champignons zugeben und etwas Farbe nehmen lassen. Mit
Salz, Pfeffer (frisch gemahlen)	würzen und mit
50 ml Weißwein	ablöschen. Danach etwa
400 ml Kalbsjus (Rezept S. 19)	aufgießen. Etwa 10 Minuten leicht köcheln lassen.
100 ml Sahne	zugeben. Nochmals abschmecken und die Konsistenz überprüfen, bei Bedarf etwas abbinden. Kurz vor dem Servieren
2 EL Blattpetersilie	zupfen, waschen, hacken und darüberstreuen.

Zum Streichen und Tunken

Blick über Watzenborn-Steinberg zum Schiffenberg

Stoamoarker Zwiwwelnbroi (Zwiebelbrühe)

800 g Zwiebeln	schälen, in dünne Streifen schneiden.
1 Knoblauchzehe	schälen und fein schneiden.
3 altbackene Brötchen	in gröbere Würfel schneiden.
20 ml Öl	in einem breiten Topf erhitzen. Zwiebeln und Knoblauch darin glasig dünsten. Brötchenwürfel zugeben und mitdünsten. Mit
100 ml Weißwein	ablöschen und dann
500 – 600 ml Fleischbrühe (Rezept S. 15)	auffüllen. Das Ganze 15 bis 20 Minuten langsam köcheln lassen, bis die Sauce leicht eindickt. Mit
Salz, weißer Pfeffer aus der Mühle	sowie etwas
Zucker	
Muskatnuss	und
Majoran (frisch)	abschmecken.

> Passt wunderbar als Sauce zu Kochfleisch. Oder man erwärmt die Kartoffelwürste (Rezept Seite 90) in der Zwiwwelnbroi.

Bratapfelkonfitüre

Julia Pantano-Buß, gusto.cc, Pohlheim

Ergibt etwa 1 l fertige Konfitüre.

100 g Rosinen	in
40 ml Rum	gemischt mit
40 ml Amaretto	über Nacht einlegen. Am nächsten Tag
1 kg Äpfel z.B. Elstar, Cox Orange oder Boskop (geschältes Gewicht)	schälen, ausstechen, in ganz feine Würfel schneiden. Wenn sie püriert werden sollen, kann auch grob geschnitten werden. Den Backofen auf 200 °C vorheizen. Die Apfelstückchen mit dem Saft von
1 Zitrone	vermischen. Äpfel dann mit
1 TL Zimt	
1 Zimtstange	
1 Sternanis	vermengen und im vorgeheizten Ofen auf einem Backblech mit Backpapier leicht bräunen. Zwischenzeitlich
100 g gehackte Mandeln	in einer Pfanne ohne Fett anbräunen. Gebräunte Äpfel aus dem Ofen nehmen, in einen passenden Topf umfüllen, Zimtstange und Sternanis entnehmen. Eingelegte Rosinen mit den Spirituosen und
500 g Gelierzucker (2:1)	zu den Äpfeln geben.
100 g Marzipan	mit den Händen zerbröseln und zufügen.
1 Vanilleschote	längs halbieren, das Mark auskratzen. Schote, Mark und gebräunte Mandeln zu den Äpfeln geben und gut durchrühren. Etwa 3 Minuten kochen (siehe Packungsangabe des Gelierzuckers). Der Zucker sollte sich komplett aufgelöst haben. So lange garen, bis die gewünschte »Bissfestigkeit« der Äpfel erreicht ist. Konfitüre abschmecken. Vanilleschote entnehmen. Je nach Wunsch die Konfitüre mit dem Stabmixer pürieren oder die Stückchen lassen.

> Vorbereitung und Befüllen der Gläser: Konfitürengläser und Schraubdeckel (am besten Twist-Off-Gläser) gut waschen und heiß ausspülen. Den Backofen auf 130 °C vorheizen und die Gläser und Deckel darin etwa 15 Minuten sterilisieren. Je keimfreier gearbeitet wird, umso länger hält sich die Konfitüre. Gläser und Deckel entnehmen und auskühlen lassen. Die fertige Konfitüre auf jeden Fall noch heiß direkt vom Herd in die sterilisierten Gläser füllen. Deckel aufschrauben und für rund 15 Minuten auf den Kopf/den Deckel stellen. Danach zum Auskühlen wieder umdrehen.

Der Apfel – eine (mittel)hessische Liebeserklärung

Beginnt man die Reise in die Geschichte des Apfels auf christlichen Wegen, so steht der Apfel für die Versuchung, für den Sündenfall und für die Vertreibung aus dem Paradies. Doch auch in der Mythologie nimmt der Apfel eine überragende Rolle ein. Er galt aufgrund seiner runden Form als Sinnbild für Schönheit und Vollkommenheit. Er sorgte der Legende nach, als sogenannter »Zankapfel«, mit der Inschrift »Für die Schönste« für Zwietracht unter den Göttinnen Athene, Aphrodite und Hera und soll damit Auslöser gewesen sein für die Schlacht um Troja.

Aber auch schon unsere Urahnen benutzten die »Königin der Früchte« als »Orakel«, als Zeichen der Fruchtbarkeit oder um bösen Zauber abzuwehren. Als Liebesapfel, mit dem vielfältige Bräuche rund um die Heirat, die Findung der Zukünftigen und so mancher Prophezeiung einhergingen, fand er seit ewigen Zeiten Verwendung. Neben Schillers Drama »Wilhelm Tell« mit dem berühmten Apfelschuss, war er als einer der Hauptdarsteller in Grimms Märchen »Schneewittchen« für die Vergiftung der Schönen verantwortlich. Gar adlig wurde er als »Reichsapfel« und Krönungszeichen der deutschen Kaiser: Symbol für Macht und Herrschaft.

Abgesehen vom Kult und von der Symbolik ist der Apfel aber auch ein wahres Gesundheitspaket. Er enthält viele Vitamine, Mineralstoffe und wichtige Spurenelemente. So überrascht es nicht, dass sich in England die alte Bauernweisheit »An apple a day keeps the doctor away!« etabliert hat. Doch diese Erkenntnis trifft nicht nur für das angelsächsische Volk zu. Auch unsere hiesigen Vorfahren, die Germanen am Limes und die Kelten mit ihrer Besiedlung rund um den Dünsberg, hatten schon längst den

Des »Stöffche« muss ins »Geribbte«! Arrangement der Kelterei Abt in Eberstadt

Heraus kommt ... reiner Apfelsaft, ohne Zusätze oder Wasser

Apfel als Heil- und Nutzpflanze erkannt. Als vitaminreiches Mus bereicherte er ihren Speiseplan oder bildete als Most, oftmals kombiniert mit Honig, die Grundlage für den Honigwein »Met«.

Aus dieser frühen Vorliebe für unsere vielseitige heimische Baumfrucht sind über die vergangenen Jahrhunderte zahllose historische Rezepte entstanden, die auch heute noch Bedeutung haben und oftmals in moderner Form sich in so manchem Bestseller der Sterneköche wiederfinden. Dabei gibt es in der Verwendung kaum Einschränkungen. Äpfel in der Vorspeise, im Hauptgang und im Dessert. Ja sogar als Suppe und Sauce sind Äpfel in vielen Klassikern der Kochkunst vertreten.

So ist es auch kein Wunder, dass der Reichtum der hiesigen Streuobstwiesen mit über 1500 verschiedenen bekannten Apfelsorten die Hessen inspirierte, ähnlich wie ihre Ahnen daraus ein spezielles »Stöffche« zu keltern, das wie schon im Paradies als »Versuchung« oder gar als Sündenfall gelten kann. Das hessische Nationalgetränk: Der Äbbelwoi.

Mit dem Äppler in Hessen ist es fast wie bei Asterix und Obelix mit dem Zaubertrank. Jedes Dorf hat seinen eigenen Druiden, der den Trunk brauen kann. Und wie sehr die Hessen ihr Stöffche lieben und pflegen zeigt auch, dass es, gleich wie beim Wein, mittlerweile Weiterbildungen zum zertifizierten Apfelwein-Sommelier gibt.

Auch wenn das Rhein-Main-Gebiet als das Epizentrum des Apfelweins gilt, muss man nicht erst nach Frankfurt fahren, um in den Genuss des »Zaubertrankes« zu kommen. Wer Wert auf Qualität statt auf Masse legt, findet in Lich-Eberstadt eine der kleinen aber feinen Keltereien der Region. Hier hat der »Frankfurter Bub« Matthias Abt zusammen mit seiner Frau Nicole seine Zelte aufgeschlagen. »Wir pressen, was wir essen« lautet die Abt'sche Devise und macht deutlich, dass hier nur ausgewähltes Obst verarbeitet wird. Neben dem klassischen Apfelwein bietet man auch sortenreinen Speierling von eigenen Bäumen, Apfelsaft und »Holla« bzw. »Winter-Holla«, ein Apfelschaumwein mit Holunder vermählt, und weitere Produkte an.

Können Sie dieser Versuchung widerstehen?

Nähere Informationen unter: Hessische Apfelwein- und Obstwiesenroute im Landkreis Gießen e.V. www.obstwiesenroute-giessen.de

Flugplatz Steinkopf, im Hintergrund Gießen

Vanillesauce – schnelle Art

1 Vanilleschote	Das Mark auskratzen. Schote, Mark,
200 ml Milch	und
200 ml Sahne	zusammen aufkochen und mit etwas
Saucenbinder (hell)	zu einer leicht dicklichen Sauce kochen. Topf vom Herd ziehen, und auf 80 °C abkühlen lassen. Zwischenzeitlich
65 g Zucker	und
3 Eigelbe	kräftig miteinander schaumig rühren. Nun die Vanillemilch unter schnellem ständigem Rühren auf die Eigelb-Zucker-Mischung gießen. Sauce abschmecken und durch ein feines Sieb passieren.

Alternativ mit Amaretto, Grand Marnier oder Rum aromatisieren. Die Sauce kann kalt oder warm serviert werden. Damit sie keine Haut bekommt, deckt man sie mit geölter Folie ab.

Quotschehoink – Zwetschgenhonig

Ergibt etwa 1 l fertigen »Hoink«, zum Einlagern geeignet.

Am Vortag

1,5 kg frische Zwetschgen	entkernen, mit
500 g Gelierzucker (3:1)	
50 ml Zwetschgenwasser	
2 Zimtstangen	und dem ausgekratzten Mark und der Schote von
1 Vanilleschote	in einen passenden Topf geben, gut durchmischen, Deckel auflegen und über Nacht durchziehen lassen.

Fertigstellung

Am nächsten Tag alles aufkochen und ohne Deckel bei geringer Hitze etwa 2 bis 3 Stunden langsam köcheln lassen, dabei gelegentlich umrühren. Vanilleschote und Zimtstange aus dem Zwetschgenbrei nehmen und den Brei mit einem Stabmixer fein pürieren, abschmecken und in die vorbereiteten Gläser füllen. Die Gläser auf dem Kopf gedreht auskühlen lassen.

> Vorbereitung der Gläser: Konfitürengläser und Schraubdeckel (am besten Twist-Off-Gläser) gut waschen und heiß ausspülen. Den Backofen auf 130 °C vorheizen und die Gläser und Deckel darin etwa 15 Minuten sterilisieren. Je keimfreier gearbeitet wird, umso länger hält sich der Hoink. Gläser und Deckel entnehmen und auskühlen lassen.
> Schmeckt super lecker auf frischem Bauernbrot mit frischer Butter.

Blick auf die Grüninger Warte, die »Groininger Hoinkdebbe«

Crème Brûlée vom Honigwein (Met)

1 Vanilleschote	Das Mark auskratzen und mit
150 ml Honigwein	
140 ml Milch	
140 ml Sahne	
3 Eigelbe	
60 g Zucker	und
50 g Rohrzucker	zu einer glatten Masse verquirlen. Die Masse dann in Espressotassen füllen und in eine ofenfeste Schale mit Wasserbad stellen. Bei 120 °C etwa 45 Minuten stocken lassen. Anschließend etwa 3 Stunden kühlen. Danach mit weiteren
50 g Rohrzucker	überstreuen und mit einem Gasbrenner karamellisieren. Vorgang bei Bedarf wiederholen, damit es schön knusprig wird.

> Hierzu empfiehlt sich eine Winkeler Hasensprung Spätlese vom Weingut Prinz von Hessen in Johannisberg.

Biene beim Nektar sammeln

Auf dem Gießener Wochenmarkt

Wochenmarkt Gießen

Buttermilchcreme mit Portwein-Erdbeeren

Joëlle Anastasia Buß, Pohlheim

2 Blatt Gelatine	in kaltem Wasser einweichen.
200 ml Buttermilch	mit
30 g Puderzucker	glatt rühren. Nun
200 ml Sahne	mit
½ Pck. Vanillezucker	und
1 TL Sahnesteif	steif schlagen. Den Saft von
½ Zitrone	zusammen mit der gut ausgedrückten Gelatine langsam erwärmen, bis die Gelatine sich aufgelöst hat. Dann nach und nach etwas von der Buttermilchmischung in die warme Gelatine rühren (bis beide Massen die gleiche Temperatur haben). Erst dann die Gelatinemischung in die Buttermilch einrühren. Kühlen, bis die Masse anfängt zu gelieren (bei etwa 20 °C). Dann zügig aber vorsichtig die geschlagene Sahne unterheben. In 4 vorbereitete Förmchen zum Erkalten in die Kühlung stellen und fest werden lassen. Inzwischen
8 Erdbeeren (z.B. vom Altenstädter Feld, Gambach)	abbrausen, putzen und in feine Scheiben schneiden. Die Scheiben exakt kreisförmig auf Tellern auslegen, mit
2 EL Portwein	beträufeln und mit
Puderzucker	bestäuben. Die fest gewordene Creme in die Tellermitte stürzen und mit
frische Minze	garnieren.

Brombeeren, fast reif

Bunter Zaun, gesehen in Vetzberg

Sonnenaufgang am Kloster Schiffenberg

Halbgefrorenes vom Bratapfel
(ergibt 6 bis 8 Portionen)

800 g säuerliche Streuobstwiesenäpfel	schälen, ausstechen, klein schneiden und auf ein Backblech geben.
50 g Marzipanrohmasse	klein zerbröseln, mit
50 g Mandelscheiben	
1 Msp. Zimt	
2 EL Amaretto	und
50 ml Apfelsaft	vermischen, zu den Äpfeln auf das Backblech geben und bei 180 °C etwa 15 Minuten backen. Auskühlen lassen und dann so pürieren, dass die Masse noch etwas stückig bleibt. Zur Seite stellen.
1 Vanilleschote	auskratzen und das Mark zusammen mit
3 Eigelbe	
150 g brauner Rohrzucker	schaumig rühren. Apfelpüree und
2 cl Calvados	unterrühren.
400 ml Sahne	steif schlagen und unterheben. Eine Terrinenform (etwa 1 l Inhalt) mit Frischhaltefolie glatt auslegen und mit der Masse füllen. Abdecken und über Nacht gefrieren lassen. Am nächsten Tag portionieren und mit
50 g Haselnuss- oder Mandelkrokant	bestreuen. Mit
Brombeeren	und
Minze	garnieren.

> Kombinieren Sie dieses Dessert mit einem alkoholfreien Prisecco »Cuvée Nr. 15« der Manufaktur Jörg Geiger, erhältlich im Internetshop oder in der Weinrebe Gießen.

Crème Brûlée vom Handkäs' mit Pflaumenkompott

Crème Brûlée

1 Vanilleschote	Das Mark auskratzen und mit
200 ml Milch	
200 ml Sahne	aufkochen, Topf vom Herd ziehen.
200 g Handkäse	in kleine Würfel schneiden, in die Sahne-Milch geben und langsam schmelzen lassen. Sollte sich nicht alles auflösen, mit dem Mixstab nachhelfen.
100 g Zucker	
5 Eigelbe	und
50 g Rohrzucker	zu einer glatten, schaumigen Masse schlagen. Die Käsemilch unter Rühren dazugeben und dann in 4 flache, ofenfeste Formen bzw. Pastateller füllen. Die Formen mit Klarsichtfolie abdecken und bei 100 °C etwa 45 Minuten stocken lassen. Anschließend etwa 3 Stunden kühlen. Danach mit weiteren
50 g Rohrzucker	überstreuen und mit einem Gasbrenner karamellisieren. Vorgang bei Bedarf wiederholen, damit es schön knusprig wird.

Pflaumenkompott

300 g frische Pflaumen	waschen, halbieren und den Kern entfernen.
1 Vanilleschote	aufschneiden und das Mark herauskratzen.
3 EL Rohrzucker	in einer Pfanne karamellisieren. Das Vanillemark,
1 Zimtstange	
2 Sternanis	und
1 Nelke	zugeben und mit
3 EL Grand Manier (Orangenlikör)	ablöschen.
250 ml Pflaumensaft	auffüllen und so lange langsam köcheln lassen, bis des Sud sirupartig eingekocht ist. Anschließend heiß über die Pflaumen gießen und ziehen lassen. Das erkaltete Kompott auf oder zu der Crème reichen. Mit
Minze	garnieren.

> Hierzu passt ein alkoholfreier Prisecco »Cuvée Nr. 15« der Manufaktur Jörg Geiger, erhältlich im Internetshop oder in der Weinrebe Gießen.

Apfel am Ast mit Regentropfen

Schokoladenwaffeln mit Heidelbeerparfait und Apfelsabayon

Michael Amend, Küchenchef im Best Western Hotel Steinsgarten, Gießen

Heidelbeer-Parfait

1 Vanilleschote	auskratzen. Das Vanillemark und die Schote in
500 ml Milch	aufkochen, vom Herd nehmen und ziehen lassen.
150 g Heidelbeeren	mit
125 g Zucker	im Mixer fein pürieren.
100 ml Sahne	steif schlagen und kalt stellen.
6 Eigelbe	mit der Vanillemilch im Wasserbad cremig rühren. Anschließend im Eiswasserbad bis auf etwa 20 °C abkühlen. Das Beerenpüree unterziehen und die geschlagene Sahne vorsichtig unterheben. In eine mit Klarsichtfolie ausgelegte Form füllen und etwa 6 Stunden einfrieren.

Desserts | 149

Schokoladenwaffeln

6 Eiweiße	steif schlagen und kühl stellen.
250 g Margarine (zimmerwarm)	mit
250 g Zucker	
1 Pck. Vanillezucker (8 g)	und
6 Eigelb	in einer Küchenmaschine mit dem Schneebesen glatt rühren. Dann von
500 g Mehl (Type 405)	etwa die Hälfte einrühren. Danach etwa die Hälfte von
450 ml erwärmter Milch	zugeben und alles glatt rühren. Nun das restliche Mehl und die übrige Milch zugeben und zusammen mit
1 Pck. Backpulver (16 g)	sowie
150 g Kakao	zu einem glatten Teig verarbeiten. Im Waffeleisen bei geringer Hitze Waffeln ausbacken und warm stellen.

Apfel-Sabayon

150 ml Apfelsaft	mit
50 g Zucker	aufkochen und mit
100 g Apfelmus	verrühren.
50 ml Weißwein	mit
4 Eigelbe	im Wasserbad schaumig aufschlagen, bis eine cremige Masse entstanden ist. Anschließend die Apfelmasse nach und nach unterheben, so dass die schaumige Konsistenz erhalten bleibt.

> Weinempfehlung: Schloss Vollrads Riesling Auslese.

Eierlikörsahne

200 ml Sahne	steif schlagen und mit
Eierlikör	nach persönlichem Geschmack aromatisieren. Die Waffeln mit
Puderzucker	bestäuben und auf einem Teller anrichten, eine Scheibe des Parfaits dazugeben, mit Apfelsabayon und der Eierlikörsahne ergänzen. Mit
20 frische Heidelbeeren	und
4 Zweige Minze	garnieren.

Lilienhähnchen

Schwarze Heidelibelle

Marienkäfer

Blick über den Tellerrand – ein Digestif

Die Lahn ändert ihren Lauf nur unmerklich. Anders sieht es da mit den kulinarischen »Einflüssen« auf unser Verhalten und unsere Ernährung aus. Bekannterweise endet jedes gelungene Menü mit einem Digestif – dem »Verdauungsschnapserl«. Als »Verdauungshilfe« meinerseits möchte ich Sie abschließend auf eine vergnügliche lukullische Reise zu ausgewählten aktuellen Strömungen einladen. Was können wir zukünftig erwarten oder: Was erwartet uns?

Aus Fast-Food wird Fast-Good
Eile mit Weile sagt der Volksmund. Und dieser sprichwörtliche Mund muss ja wissen, was ihm schmeckt. Schnelles Essen war es aber offenbar nicht, zumindest nicht auf die Dauer, denn nach Jahren der Geschmackslosigkeit steigen die Qualitätsansprüche der Verbraucher. Aus schnellem-Essen (fast food) wird mit guten Produkten und perfekter Zubereitung »schnell-Gutes« (fast good). Ein Trend, der auch große Kettenrestaurants, wie z.B. auch den »Fast-Food-Gott« mit Bio-Burgern zum Umdenken zwingt.

Home-Food
»Selbermacher« sind wieder »in«. Und da gibt es fast keine Grenze. Von der hausgemachten Wurst (Rezept Seite 86) bis zum Eingemachten (z.B. Großmutters Apfelrotkohl, Rezept Seite 51): Fast alles lässt sich gut auf Vorrat herstellen. Zu Omas Zeiten noch mitleidig beäugt – heute wieder aufgespürt und für gut befunden. Vorteil: Ich weiß, was drin ist! »back to the roots – zurück zu allerlei frischen und neu erblickten Wurzeln«. Im Hofladen oder auf dem Wochenmarkt soziale Kontakte pflegen und quasi in die »Bio-Hobbythek der Küche« eintauchen.

Das Palmenhaus im Botanischen Garten Gießen, zerstört 1944

Blick in die Frankfurter Straße in Gießen mit Hessischem Hof um 1910

Zugeinfahrt im Gießener Bahnhof um 1918

Der Vorplatz des Gießener Bahnhofs mit Kutschen und Straßenbahn um 1918

New-Classic-Food
Todgesagte leben länger! Dieses Motto könnte auch auf so manchen Küchenklassiker zutreffen. Wiederentdeckte Gemüse- oder Getreidesorten machten den Anfang. Nun werden alte Küchenschmöker neu aufgelegt, verstaubte Rezepturen ausgebuddelt, aufgehübscht und zu zeitgemäßen Gerichten umgemodelt. Viele Köche freut es, denn nicht alles war schlecht, »was froier woar«. Vielleicht kommt das eine oder andere Gericht aus diesem Buch so zu neuen Ehren?

Paleo-Food
Die Ernährung unserer steinzeitlichen Vorfahren. Nein, keine Angst, man muss jetzt nicht losziehen und mit der Keule ein Mammut erschlagen. Auch wenn noch heftig darüber gestritten wird, wie es wirklich gewesen sein soll – hier stehen Gemüse, Wurzeln, Beeren, Samen, Fisch, Innereien und auch Fleisch im Vordergrund. Auf Getreideprodukte, also auch Bier, wird überwiegend verzichtet. Für manchen daher ein K.o.-Kriterium.

Bing-Food
…feierte seinen Durchbruch bereits in den 1970er Jahren, hat aber mit Bing Crosby wenig zu tun. Vielmehr handelt es sich um eine scherzhafte Bezeichnung für den »Bing«-Ton, den man hört, wenn die Mikrowelle abgelaufen ist. In Köchekreisen steht es für »Fertiggerichte für Faule«. Heute, sozusagen als Weiterentwicklung, beobachtet man Trends, die in die gleiche Richtung gehen. Beispielsweise gibt es als »Astronauten-Food« bekannte Fertiggetränke, die nur noch angerührt werden müssen und dennoch den Körper mit allem Nötigen versorgen. Wo da Spaß, Genuss, Gesellligkeit oder die Kunst der Kreativität bleiben, muss sich letztlich jeder selbst fragen. Völlig abwegig? Nun ja, Thermomix und Lieferdienste sind auch ein Schritt dorthin.

ToGo-Food

Kennen Sie das? Togo – bis ins Jahr 1916 deutsche Kolonie. Zwischenzeitlich in Vergessenheit geraten und nun wieder auferstanden aus dem Nichts? Bis vor kurzem noch ein nahezu unbekannter Staat in Westafrika, heute in jeder Stadt und beinahe in jedem Lebensmittelladen zu finden? Nein, »To Go«, der englische Begriff für »zum Mitnehmen«, bezeichnet in unserer mit Anglizismen durchtränkten und internationalisierten Welt Speisen und Getränke, die man mal eben auf die Hand mitnehmen kann. Der Snack, der Kaffee – es kann gewissermaßen alles sein. Ein absoluter Megatrend … schwören Marktforscher. Ob als »Street-Food« in der Karawane am Trailer (altdeutsch: Fritten-Bude) oder zukünftig auch im »Non-Food«-Bereich, zum Beispiel im Autohaus, in der Boutique oder im Museum. Immer und überall wird Essen und Trinken zur Verfügung stehen. Es gibt schon Brotback-, Pizza- und Pommes-Automaten – das heißt dann aber korrekterweise »Vending-Food«. Hoffentlich wird das nicht zu Fast-Food 2.0 …

High-Tech-Food

Billig-Grill war gestern. Nieder mit den Abrüstungs-Verträgen des Kalten Krieges. Das neue Wettrüsten hat begonnen – und zwar im heißen Krieg auf der Terrasse. Weber-Kult gegen Broil King, Butangas gegen Kohlequalm, Keramik-Egg gegen Dampflok-Smoker. Wer hat den Besten, wer den Teuersten? Diese Frage kann schnell in die Tausende gehen. Für einen »Brennwagen«, das High-End-Gerät auf Luftbereifung und für jeden Vatertag vorzüglich geeignet, werden schnell mal Gegenwerte eines Kleinwagens fällig. Zubehör noch nicht inklusive. Der ursprüngliche Jäger von gestern, ausgerüstet mit Pfeil und Bogen, setzt heute vorwiegend auf allerneueste Technik und allerbeste Qualität. Während »Mutti« die Beilagen mit einem japanischen Messer aus feinstem 1000-fach gefalteten Damaszener Stahl für schlappe 700 € schnippelt, grillt Papa das Kobe-Wagyu oder Dry-Aged-US-Beef und überprüft per App am Edel-Smartphone die 56 °C Kerntemperatur des erlesenen Stückes.

So ähnlich könnte die Liste in viele Bereiche ausgedehnt werden. Ob Kaffeemaschine, Humidor, Weinklimaschrank oder gleich die ganze Küche … viele Menschen sind (endlich) bereit für gute Qualität angemessene Preise zu bezahlen. Jetzt wäre es nur konsequent und wünschenswert, dass diese Bewegung sich auch für alltägliche Lebensmittel fortschreiben ließe. Denn was nützt das teuerste Equipment, wenn die Lebensmittel von schlechter Qualität sind?

Gießen, Luftbild um 1940

Die 1907 erbaute Neue Aula der Ludwigs-Universität Gießen, um 1907

Der Schiffenberg um 1920

Desserts | 153

Der Dünsberg-Turm im Jahr 1899

Gießen, Kirchenplatz, Luftbild vor dem 2. Weltkrieg

Gießen, Zeppelin ZR III über dem Schloss um 1930

Spiritual Food
Wie die vorgenannten Trends schon erahnen lassen: Essen wird mehr und mehr zur Lebenseinstellung, zur Ersatzreligion. Ob vegetarisch, vegan, halal oder koscher, es geht immer um ethische oder auch nachhaltige und religiöse Verantwortung. Wir wollen romantisch sein und Geschichten wahrnehmen, gefärbt von dem Geist, der uns entzückt.

Blick in den Wunschbrunnen
Zwar sind das alles keine neuen Erfindungen, sondern zum gewissen Teil »alter Wein in neuen Schläuchen«, doch festzustellen ist, dass unsere Ernährung zunehmend zum Lifestyle wird und sich zugleich zum Identifikationsmittel, Statussymbol und Ausdrucksmedium entwickelt. In einer Zeit der Orientierungslosigkeit Essen als die neue Religion? Köche als die neuen Priester? Wer die Formate im TV beobachtet, könnte diesen Eindruck gewinnen. Aber genau betrachtet sind die Protagonisten in den Küchenschlachten der Sender nur Gladiatoren im Circus Maximus unserer Zeit, geduldet vom Kaiser, bejubelt vom Volk und die Erfolgreichsten reich beschenkt. Eine oberflächliche Show um die Nation zu unterhalten – die dann irgendwann vom Volksmund ausgespuckt wird.
Genuss im Sinne von Ernährung kann nur dann als identitätsstiftend gelingen, wenn man selbst für sich erkennt, welche Werte in diesem Zusammenhang wichtig sind.
»Wir müssen uns auf die Dinge einigen, auf die es uns ankommt, als da wären: das Küssen in der Öffentlichkeit, ein Sandwich mit knusprigem Speck, Meinungsverschiedenheiten, avantgardistische Mode, die Literatur, Großmut, Wasser, die gerechtere Verteilung der Güter dieser Erde, Filme, Musik, die Gedankenfreiheit, die Schönheit, die Liebe. Das sind unsere Waffen.« Salman Rushdie

Bioland-Imker Roman Hund bei der Arbeit

Bienenvolk mit Königin, Imkerei Hund und Bauer, Brandoberndorf

Eine Bienenwabe der Imkerei Hund und Bauer

Waldblütenhonig-Eis

Von Bioland-Imker Roman Hund, Waldsolms, www.hund-und-bauer.de

2 Eigelbe von frischen Freiland-Eiern	mit
70 g Waldblütenhonig	in einer Metallschüssel auf dem heißen Wasserbad cremig aufschlagen. Danach die Schüssel zum Abkühlen in kaltes Wasser stellen.
½ TL abgeriebene Bio-Orangenschale	zugeben und rühren, bis die Masse kalt ist.
200 ml Sahne	steif schlagen und vorsichtig unterheben. Eine 500 ml fassende Form mit Frischhaltefolie auslegen und die Masse einfüllen. Mindestens 6 Stunden einfrieren. Zum Servieren mit 2 in heißem Wasser vorgewärmten Esslöffeln Nocken abstechen. Die Nocken mit
4 EL Edelkastanienhonig	beträufeln und mit
4 TL Walnüsse (gehackt)	bestreuen.

Lich, Oberbessinger Pforte

Fachwerkhaus in Grüningen

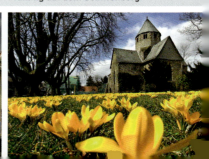
Frühling auf dem Schiffenberg

Feigen mit karamellisiertem Speck, Malzbier und Grießbrei

Einfach mal probieren!

> Wer keine Feigen mag, kann das Rezept auch mit Pflaumen, Aprikosen oder Birnen abwandeln. Zu den Birnen passt dann statt des Schmands ein Blauschimmelkäse im Grießbrei …

100 g getrocknete Feigen	fein würfeln und mit
660 ml Malzbier	
100 ml Waldblütenhonig	
1 Sternanis	
1 Zimtstange	
1 Kardamomkapsel	aufkochen und 10 Minuten ziehen lassen. Den Sud durch ein Sieb geben und nochmals kurz zum Kochen bringen.
90 g Weichweizengrieß	mit dem Schneebesen einrühren und einmal kurz aufkochen lassen. Dann sofort vom Herd ziehen.
2 TL Butter	auf dem Grießbrei verteilen und den Topf mit Folie oder Deckel verschließen.
8 frische Feigen (nicht zu weich)	in Viertel teilen.
4 EL Rohrzucker	in eine heiße Pfanne geben.
1 EL feinste Speckwürfel	zum Zucker geben und den Zucker bei mittlerer Hitze leicht schmelzen lassen.
8 halbe Walnusskerne	und
1 EL Butter	zugeben. Den Zucker mit den Zutaten nun leicht karamellisieren lassen, die Feigen einlegen und mehrmals vorsichtig im Butter-Zucker-Sirup wenden.
100 g Schmand	in den Grießbrei einrühren und auf Tellern anrichten. Feigen darauf anrichten, karamellisierten Speck darüber verteilen und mit den Walnusskernen aus der Pfanne garnieren.

Alte Brauerei mit Löwenbrunnen in Grünberg

Kapelle auf dem Alten Friedhof, Gießen

Ev. Petruskirche in Linden (Großen-Linden)

Marinierte Zimtzwetschgen mit weißem Schokoladeneis und Espressoschaum

In Gedenken an Küchenmeister Horst Wetterau, Dautphetal († 2009)

Weißes Schokoladeneis	kann man am Vortag herstellen.
4 Eigelbe	mit
50 g Zucker	und dem ausgekratzten Mark von
1 Vanilleschote	gut verrühren.
50 g weiße Kuvertüre	bei niedriger Temperatur schmelzen und in die Eier-Zucker-Masse geben. Alles im heißen Wasserbad mit dem Schneebesen schlagen, bis eine dickliche Masse entstanden ist. Danach das Ganze im eiskalten Wasserbad so lange schlagen, bis die Masse erkaltet ist. Nun
100 g Schmand	unterziehen. Danach
150 ml Sahne	steif schlagen und vorsichtig unter die Masse heben. Mit
1 – 2 EL Rum	abschmecken. Die Masse in eine mit Frischhaltefolie ausgelegte passende Form füllen und einige Stunden einfrieren.

Schwäne im Eis

Desserts | 157

Graugansfamilie in den Lahnauen zwischen Heuchelheim und Atzbach

marinierte Zwetschgen

1 kg frische Zwetschgen (von der Streuobstwiese)	waschen, entsteinen und das Fruchtfleisch in gleichmäßige Viertel schneiden.
1 kg Zucker	und je nach Geschmack
1 – 2 TL Zimtpulver	mischen und über die Zwetschgen streuen.
60 ml Zwetschgengeist (z.B. Obstbrennerei Becker, Pohlheim)	über die Früchte geben, alles gut durchmischen und kühl etwa 1 bis 2 Stunden durchziehen lassen. Dabei gelegentlich durchmischen. Kurz vor dem Servieren das Schokoladeneis aus dem Froster nehmen und leicht antauen lassen. Ab jetzt zügig arbeiten und den Espressoschaum herstellen.

Espressoschaum

4 Eigelbe	mit
50 g Zucker	gut verrühren, auf einem heißen Wasserbad mit einem Schneebesen schaumig schlagen. In die schaumige Masse, unter kräftigem Schlagen nach und nach
160 ml Espresso	einlaufen lassen, bis eine luftige und schaumige Sauce entstanden ist. Zur Seite stellen. Wer möchte, kann die Sauce mit
2 – 3 EL Amaretto	abschmecken. Nun schnell das Schokoladeneis portionieren und auf Tellern anrichten, die Zwetschgen dazu platzieren und mit dem Espressoschaum daneben servieren. Als Garnitur
4 Minzeblättchen	und als Farbtupfer
12 Himbeeren	die in Zucker gewälzt wurden.

Apfelweinkuchen

Mürbeteig

125 g kalte Butter	in kleine Würfel schneiden.
125 g Zucker	
1 Ei	
250 g Mehl	
1 Pck. Backpulver	und
1 Pck. Vanillezucker	mit der Hand oder der Küchenmaschine schnell zu einem Teig verkneten und grob ausgerollt in Klarsichtfolie kalt stellen.

Füllung

1,2 kg Äpfel (z.B. Elstar, Boskop, Cox)	waschen, entkernen und in kleine gleichmäßige Würfel schneiden. Gleichzeitig den Ofen auf 150 °C Umluft vorheizen.
2 Pck. Vanille-Puddingpulver (à 37 g)	mit etwas Flüssigkeit von
1 l Apfelwein	anrühren. Den restlichen Apfelwein mit
200 g Zucker	aufkochen, die angerührte Puddingmasse unterrühren und etwa 1 Minute langsam kochen. Die Apfelwürfel mit dem Apfelweinpudding gut verrühren. Bei kleiner Flamme weiter köcheln lassen, sie sollen noch Biss haben. Umrühren nicht vergessen! Mit
50 ml Calvados	und dem Mark von
1 Vanillestange	abschmecken. Den gekühlten Teig zwischen Klarsichtfolie dünn ausrollen und gleichmäßig in eine »Tarteform« mit entnehmbarem Boden oder in eine gefettete und bemehlte Springform (Ø 28 cm) füllen. Dabei einen Rand bis oben formen. Den Teig mit einer Gabel einstechen. Den Apfelweinpudding zugeben und je nach Ofen bis zu 90 Minuten backen. Falls der Kuchen noch zu hell ist, in den letzten Minuten die Temperatur auf 180 °C erhöhen. Den Kuchen erkalten lassen, am besten über Nacht! Für die Garnitur
200 ml Schlagsahne	mit
1 EL Zucker	steif schlagen. Den kalten Kuchen mit der Sahne und
Zimt	verzieren oder getrennt dazu als Beigabe servieren.

> Dazu passt hervorragend ein Sommersecco vom Hauxapfel (Manufaktur Jörg Geiger) oder ein Apfelwein-Rosé (z.B. Kult) der hessischen Wirtshauskelterer.

Hessisch Goardoffenkuche – hessischer Kartoffelkuchen

Sabine Klehn, Pohlheim

150 g mehlig kochende Kartoffeln	waschen, in Salzwasser kochen, abschütten, pellen, durch eine Kartoffelpresse drücken und erkalten lassen.
125 g Butter	mit
2 Eier (Größe S)	cremig rühren und mit der Kartoffelmasse gut vermischen.
500 g Mehl	mit
1 Pck. Backpulver	mischen und löffelweise unter die Masse rühren.
125 ml Milch	zugeben und mit
1 Fläschchen Rum-Aroma (2 ml)	glatt rühren. Nach Belieben mit
2 EL Zucker	süßen. Eine Gugelhupfform (Ø 22 cm) mit
2 EL Butter	ausbuttern und mit
2 – 3 EL Paniermehl	gleichmäßig ausstreuen. Den Teig in drei gleiche Teile teilen. Unter einen Teil
3 EL Backkakao	rühren. In die Form zuerst einen Teil des hellen Teiges einfüllen. Dann den dunklen Teig daraufgeben. Als letztes den Rest des hellen Teiges obenauf geben. Mit einer Gabel die Teige spiralförmig vermischen. Bei 180 °C etwa 45 Minuten backen.

Variante Tannenbäumchen (ergibt 12 Tannenbäumchen)

Teig wie oben herstellen	Aus Pergamentpapier 12 Kreise (Ø 16 cm) ausschneiden und zu Spitztüten formen. Den Teig einfüllen und die Tüte in eine Tasse oder in ein Muffinblech stellen und bei 180 °C 15 bis 20 Minuten backen. Zwischenzeitlich
200 g weiße Kuvertüre	bei niedriger Temperatur schmelzen. Die Tannenbäumchen aus dem Ofen nehmen, die Spitztüten entfernen. Wenn sie leicht ausgekühlt sind, mit der flüssigen Kuvertüre bestreichen. Sofort in
200 g gehackte Pistazien	wälzen.

Dazu passt ein Äppler oder in der kalten Jahreszeit auch ein »Glühwein«.

Kuriositäten

Selterstor – Elefantenklo
Nichts polarisiert Einheimische wohl stärker, als wenn Gießens Stadtbild zur Diskussion steht. Beim »E-Klo« handelt es sich um die 1968 eröffnete Fußgängerüberführung über eine der verkehrsstärksten Kreuzungen der Stadt, dem »Selterstor«. Aufgrund der drei gewaltigen Öffnungen wird sie vom Volksmund »liebevoll« Elefantenklo genannt und ist vielleicht auch deswegen weit über die Grenzen Gießens bekannt geworden. Für die einen ist sie eine gigantische, betongewordene Bausünde und verkehrstechnische Fehlplanung – unter anderem deswegen, weil gelegentlich ausgefallene Rolltreppen und Aufzüge die Überquerung für Rollstühle, Kinderwagen etc. unmöglich machen. Für die anderen ist sie Identifikations- und Wahrzeichen der Stadt schlechthin. Wegen der damaligen Landesgartenschau ist sie seit dem Jahr 2014 übrigens mit einem eleganten illuminierten Wasserfall (laut Volksmund: »Klospülung«) versehen.

Hoinkdebbe – Honigtopf
Das Land, wo der Honig fließt, liegt rund 10 Kilometer südlich von Gießen. Am Ortsrand von Pohlheim-Grüningen stehen die Reste einer ehemalige Windmühle bzw. eines ehemaligen Wartturms. Die Optik erinnert an einen großen Honigtopf, weshalb das Bauwerk bei den Einheimischen den Namen »Hoinkdebbe« erhalten hat. Süßmäulchen kommen hier leider nicht auf ihre Kosten. Mit etwas Glück und bei guter Sicht kann man aber die Stufen bis zur Aussichtsplattform erklimmen und einen wunderschönen Blick in die nächste Woche riskieren.

Die drei Schwätzer – gelle Gießen!
In Frankfurt wird »gebabbelt«, in Kassel wird »geschnuddelt« und in Gießen wird »geschwätzt«. Die drei Schwätzer, eine Bronzeskulptur in der Fußgängerzone Seltersweg, sind eines der Wahrzeichen in Hessens siebtgrößter Stadt und bei der Bevölkerung sehr beliebt. Das führt manchmal dazu, dass sie verkleidet, angemalt, behängt und liebevoll verunstaltet werden. Was sie sich letztlich erzählen, bleibt allerdings der eigenen Interpretation überlassen. Wahrscheinlich das neueste Geschwätz aus der Gegend. Gelle Gießen!

»Groininger Hoinkdebbe«

Das Selterstor (Elefantenklo) kurz nach der Fertigstellung 1968, Blick von der Südanlage

Gießen, 46ers Fanclub

Backen macht Spaß – Weihnachtsplätzchen

Alltagskleidung der 50er Jahre: Sammler und Hobbywelt, Alten Buseck

Eberstädter Spinnstubb – Tradition zum Anfassen

Oma Hildes Kräppeln

Hilde Buß, Pohlheim

Hefeteig

3 Eigelbe	
25 g Puderzucker	und
25 g Butter	zusammen schaumig rühren. Zur Seite stellen.
125 ml Sahne (zimmerwarm)	mit
1 TL Puderzucker	mischen.
25 g frische Hefe	dazubröckeln. Das Sahne-Hefe-Gemisch glatt rühren und mit
250 g Mehl (Type 550)	zu einem gleichmäßigen Teig verarbeiten. Den Teig abgedeckt an einem warmen Ort aufgehen lassen. Erst jetzt die vorbereitete Eigelbmasse mit
2 EL Rum	
1 Prise Salz	zum Teig geben, nochmals durcharbeiten und etwa fingerdick ausrollen. Mit einem Glasboden aus dem Teig gleichmäßige Ringe ausstechen. Die Hälfte dieser »Taler« mit
100 g Johannisbeermarmelade	bestreichen, dann mit der anderen Hälfte der Taler belegen. Die beiden Hälften mit der Hand gut verschließen, so dass keine Marmelade herauslaufen kann. Die gefüllten Kräppeln nun 1 Stunde ein weiteres Mal abgedeckt an einem warmen Ort aufgehen lassen. Nach der Hälfte der Zeit wenden. Die aufgegangenen Kräppeln in
1 kg Butterschmalz (heiß)	schwimmend ausbacken. Dabei zuerst die eine Seite bis zur gewünschten Bräunung backen und dann vorsichtig umdrehen und zu Ende backen. Die Kräppeln entnehmen und auf einem Gitterrost abtropfen lassen.

> Kräppeln sind ähnlich wie Berliner Pfannkuchen. Für Süßmäuler können sie auch noch in Zucker und Vanillezucker gewälzt werden. Wer es eher weihnachtlich mag, mischt noch etwas Zimt darunter. Natürlich können auch andere Marmeladesorten zum Einsatz kommen.

Zillkuche – Zettelkuchen auf Apfelspalten

15 g frische Hefe	in
65 ml lauwarme Milch	auflösen.
250 g Mehl (Type 550)	in eine Schüssel sieben.
30 g Butter	zerlassen und zugeben,
30 g Zucker	und
1 kleine Prise Salz	hinzufügen und mit der Hefemilch zu einem glatten Hefeteig verarbeiten.
120 g gekochte Kartoffeln vom Vortag	fein reiben und unter den Hefeteig mischen. Nun abgedeckt an einem warmen Ort auf die doppelte Größe aufgehen lassen. Danach auf einem gefetteten und bemehlten Backblech ausrollen und nochmals 30 Minuten gehen lassen.
100 g Butter	zerlassen, auf den Teig streichen und mit
2 TL gemahlener Mohn	und
2 EL Zucker	gleichmäßig bestreuen. In rechteckige »Zettel« schneiden und im vorgeheizten Ofen bei 180 °C etwa 30 Minuten backen. Währenddessen
4 Äpfel	schälen, halbieren, Kerngehäuse herausschneiden, in Scheiben schneiden und in eine gebutterte Form setzen.
120 ml Sahne	
120 ml Milch	
2 Eigelbe	
1 EL Zucker	und
1 Prise Zimt	gut miteinander verquirlen und über die Äpfel geben. Im Ofen bei 180 °C etwa 10 Minuten backen und leicht abkühlen lassen. Die Apfelscheiben kreisförmig auf einem Teller anrichten und mit dem ofenfrischen Zettelkuchen noch warm servieren.

> Dazu passt Vanillesauce (Rezept Seite 142). Hierzu empfiehlt sich ein Riesling Spätlese lieblich vom Weingut Fogt in Badenheim/ Rheinhessen.

Mohnblumenwiese

Junger Igel im Garten

Krokusse aus der Froschperspektive

Floarekuche – Schmandkuchen
... wie aus dem Backhaus, ergibt etwa 1 Herdblech

nach Tante Erna Punzert und Tante Toni Schäfer

Die mittelhessische Antwort auf den Lothringer Speckkuchen (Quiche Lorraine).
Es gibt verschiedene Versionen. Der Floarekuche ist eigentlich ohne Speck und Zwiebeln, wird traditionell aber auch als Zwiebel- und/oder Zwiebel-Speck-Variante im Backhaus gebacken. Dazu wurde meist beim Brotbacken übrig gebliebener Brotteig (Sauerteigbrot) verwendet. Wer möchte, kann den Kuchen auch mit Hefeteig (siehe Rezept Zettelkuchen Seite 162) oder mit einer Brot-Fertigmischung herstellen, schmeckt aber deutlich anders. In diesem Fall darauf achten, dass der Boden dünner ausgerollt wird, weil er noch mehr aufgeht. Historische Informationen zu diesem alten Rezept finden Sie in der Geschichte »Kuhfladen aus dem Backhaus« auf Seite 168.

500 g backfertiger Sauerteig-Brotteig (beim Bäcker vorbestellen)	auf einem kleinen Herdblech dünn ausrollen (wenig Boden mit viel Auflage ...).
4 – 5 dicke Zwiebeln	schälen und fein schneiden.
200 g Dörrfleisch	fein schneiden und mit den Zwiebeln andünsten. Dann zur Seite stellen.
800 g Pellkartoffeln vom Vortag	schälen und fein reiben. Dann
250 g Quark (am besten 40 % Fett)	
300 g Schmand	und
60 g Margarine	zu einer glatten Masse vermischen, eventuell mit
Milch	etwas verdünnen. Zwiebeln und Speck zufügen und mit
Zucker, Salz	
Pfeffer aus der Mühle	abschmecken. Die Masse auf dem ausgerollten Teig verteilen.
200 g Schmand	mit
2 Eigelbe	glatt rühren und als Topping über die Quarkmasse verteilen. Im vorgeheizten Ofen etwa 30 Minuten backen (etwa 180 °C), bis der Kuchen goldbraun glänzt.

Leicht ausgekühlt wird der Floarekuche zum Kaffee serviert. Manche Süßmäulchen streuen sich noch dick Zucker obendrauf. Je nach Geschmack kann man auch ein paar Teelöffel Margarine als Tupfer auf dem Kuchen verteilen. Als weitere Variation kann etwas frischer Thymian, Petersilie oder Kümmel in die Schmand-Masse gegeben werden.

Wickelkuchen oder Krjenge-Kuche

Bettina Seipp, Watzenborn-Steinberg

»Diesen Kuchen gibt es bei uns das ganze Jahr. Früher wurde er gerne zur Hausschlachtung gebacken, weil die Metzger es ja süß mochten.«

	Von
500 ml Milch	ein wenig abnehmen und mit
1 TL Zucker	auf Körpertemperatur erwärmen.
1 Würfel fische Hefe (42 g)	in die Milch bröseln, darin auflösen und ruhen lassen.
60 g Fett (Margarine oder Butter)	schmelzen, mit
750 g Mehl	
90 g Zucker	
1 TL Salz	und
1 Ei	verrühren. Die Hefemilch und die restliche kalte Milch dazugeben, verrühren und wieder ruhen lassen. Eventuell weiteres Mehl zum Teig geben, wenn dieser kleben sollte, bis er schön weich ist. Dann den Teig ausrollen.
250 g Butter	schmelzen und auf dem Teig verteilen. Mit
Zucker (Menge nach Geschmack)	
Kakaopulver (Menge nach Geschmack)	
Rosinen (Menge nach Geschmack)	bestreuen.
4 – 5 mittelgroße Äpfel	schälen, entkernen, klein schneiden und auf dem Teig verteilen. Das Ganze nun zusammenrollen (wickeln) und als Halbkreis auf ein Blech setzen.
1 Eigelb	mit etwas
Milch	und etwas
Zucker	verrühren und auf den Wickelkuchen pinseln. Bei 160 bis 170 °C im Ofen 35 bis 45 Minuten backen, bis der Krjenge die gewünschte Farbe hat.

> Auch hier gehört klassisch ein frisch aufgebrühter Kaffee dazu. Mit dem Rezept kann man auch einen kleinen Wickelkuchen und einen Hefekuchen oder zwei Hefekuchen machen.

Christuskirche in Watzenborn-Steinberg

Alte Kirche in Watzenborn-Steinberg

Naschwerk zum Knabbern oder Dekorieren

Rote-Bete-Chips (pikant)

	Zur Verarbeitung empfiehlt sich das Tragen von Einmalhandschuhen.
1 frische Rote-Bete-Knolle	gründlich waschen und schälen. Mit einem Gemüsehobel gleichmäßige dünne Scheiben hobeln und trockentupfen. Die Scheiben mit
2 EL Olivenöl	vermischen und je nach Geschmack mit
Chili (frisch gemahlen) oder Meerrettich (frisch gerieben) oder Wasabi-Meerrettich	ergänzen. Auch Kräuter, wie zum Beispiel Thymian o.ä. eignen sich. Alles gut miteinander vermischen und auf ein Backblech mit Backpapier legen, dabei darauf achten, dass die Scheiben sich nicht überlappen. Bei 90 °C je nach Backofen etwa 1 bis 2 Stunden trocknen. Die Chips nach der Hälfte der Zeit wenden. Am Ende mit
Fleur de Sel oder Meersalz (grob)	würzen.

> Wer es gerne knuspriger mag, kann die Chips auch bei 150 °C backen. Die Backzeit dann entsprechend anpassen. Wer keine Zeit hat, kann die Chips in Mehl wenden und dann in Öl frittieren. Nach dem Entnehmen aus dem Fettbad unbedingt auf Küchenpapier abtropfen lassen. Das Frittieren geht zwar deutlich schneller, ist aber auch eine sehr kalorienlastige und ölige Angelegenheit.

Back- und Naschwerk

Blick auf Dorf Güll

Blick auf Holzheim

Blick auf Hausen

Rote-Bete-Chips (süß)

Zur Verarbeitung empfiehlt sich das Tragen von Einmalhandschuhen.

50 g Zucker	mit
50 ml Wasser	einmal aufkochen lassen und zur Seite stellen.
1 frische Rote-Bete-Knolle	gründlich waschen und schälen. Mit einem Gemüsehobel gleichmäßige dünne Scheiben hobeln und mit der Zuckerlösung gut durchmischen. Die Scheiben dann einzeln auf ein Backblech mit Backpapier legen, dabei darauf achten, dass sie sich nicht überlappen. Bei 90 °C je nach Backofen etwa 1 bis 2 Stunden trocknen. Die Chips nach der Hälfte der Zeit wenden.

> Wer es gerne knuspriger mag, kann die Chips auch bei 150 °C backen. Die Backzeit dann entsprechend anpassen.

Brotchips

Baguette, Weißbrot oder Bauernbrot (nach Wahl)	in dünne Scheiben schneiden. Mit
Olivenöl	einpinseln. Mit
Kräuter (frisch gezupft)	und
Knoblauchscheiben	gut vermischen und auf einem mit Backpapier ausgelegten Backblech im Ofen bei 180 °C etwa 20 Minuten rösten. Herausnehmen, mit
Meersalz aus der Mühle	und nach Wahl mit
Paprika- oder Chilipulver	würzen.

Weitere Chips-Variationen

Petersilienwurzel-Chips
Herstellung wie bei Rote-Bete-Chips. Als Gewürze eignen sich Kreuzkümmel (Cumin) oder Ingwer u.v.m.

Karotten-Chips
Herstellung wie bei Rote-Bete-Chips. Als Gewürze eignen sich Curry, Ingwer, aber auch Vanille u.v.m.

Süßkartoffel-Chips
Brauchen nicht geschält zu werden, daher aber gut waschen. Herstellung wie unter Rote-Bete-Chips beschrieben. Als Gewürze eignen sich Knoblauch, Chili, Rosmarinnadeln u.v.m.. Sie können auch mit Käse überbacken werden – schon kommt das Kino-Feeling auf.

Kürbis-Chips
Zum Beispiel vom Hokkaido – der muss nicht geschält werden – oder Butternutkürbis. Herstellung wie unter Rote-Bete-Chips beschrieben. Als Gewürze eignen sich Thymian, Knoblauch, Chili, Rosmarinnadeln u.v.m.

Rucola- oder Radicchio-Chips
Auch das geht…! Unbedingt nach dem Waschen gut trockentupfen oder ausschleudern. Besonders lecker mit Pinienkernen, die beim Backen einfach mitgeröstet werden.

Karamellisierte Kürbiskerne
Kürbiskerne, frische Thymianzweige und frische Knoblauchscheiben in Butter langsam anbraten. Etwas braunen Rohrzucker darüber verteilen, unter Rühren schmelzen lassen und bis zur gewünschten Bräunung rösten. Auskühlen lassen und genießen.

TIPP
Als Dip zu den Chips eignen sich viele Varianten, wie z.B. Erdnuss-Dip, Meerrettich-Dip, Knoblauch-Dip, Avocado-Dip, BBQ-Dip usw. Aber auch ein Pesto passt dazu. Eine kleine Auswahl finden Sie im Kapitel »Zum Streichen und Tunken«.

Blick auf Grüningen

Blick über Staufenberg

Kuhfladen aus dem Backhaus – von der Tradition des Floarekuchebackens

Von Gaby und Wolfgang Schäfer, Pohlheim Watzenborn-Steinberg

Früher, als die Menschen sich noch selbst versorgen mussten und es noch keine Bäckereien gab, in denen man wie selbstverständlich über eine große Produktvielfalt wie heute verfügen konnte, stand das Gemeindebackhaus im Mittelpunkt des dörflichen Geschehens. Es war ein Ort der Zusammenkunft und Kontaktpflege, Quasselecke und Gerüchteküche zugleich. Regelmäßige Backtage stellten die Versorgung mit dem lebenswichtigen Brot sicher. Gleichzeitig sparte man sich einen eigenen Ofen, unterstützte sich gegenseitig und förderte auf diese Weise die Dorfgemeinschaft.

Der Ofen wurde angeheizt, indem man »Wäellerchen«, Bündel aus trockenem Reisig, im Ofen auf der Backfläche verbrannte. Wohlhabende Bauern hatten immer eine große Menge Reisig auf Vorrat. Das Reisig konnte trocknen und verbrannte

Im Backhaus, Floarekuche und Bauernbrot

dann gut. Wer keine Vorräte anlegen konnte, musste frisches Holz sammeln. Beim Anheizen stieg dann durch die Feuchtigkeit viel dunkler Rauch auf. Im Dorf sagt man noch heute, sobald irgendwo Rauchschwaden ziehen: »Meint, en arme Mann wollt backe'«.

War die Temperatur im Ofen in Ordnung, wurde die Glut mit Hilfe eines Holzschiebers aus dem Ofen geholt oder ein Teil davon ganz nach hinten auf die Backfläche geschoben. Ein mit Wasser getränkter Jutesack, der um eine Stange gewickelt war, diente als Putztuch, um die Backfläche von Glut- und Ascheresten zu säubern. Jetzt wurde mit dem »Backschießer« (Holzbrett an einer langen Stange) das Brot eingeschoben bzw. »eingeschossen«.

Reste des Brotteiges wurden auf großen, runden, unebenen Backblechen dünn ausgerollt. Der Hauptbestandteil des Belags waren gekochte Kartoffeln. Diese wurden durch den Fleischwolf gedreht und mit Fett, Salz und diversen Milchprodukten vermischt. Dafür gab es keine genaue Rezeptur. Alles, was an Sahne, Schmand, Quark und Eiern dringend verarbeitet werden musste, weil es nicht mehr ganz so frisch war, kam in den Belag. Die Masse sollte zartgelb sein und die Konsistenz eines Kuhfladens (Floare) aufweisen. Aber wer weiß das heute noch? Aus Eigelb und Sahne wurde danach ein Guss (Schmierchel) hergestellt. Dünnflüssig und oft mit Öl angereichert, damit der Kuchen beim Backen glänzende braune Flecken (Blumen) bekam. War noch Speck vorrätig, wurde er klein geschnitten und darüber verteilt. Sobald die Temperatur im Ofen etwas nachließ, konnte der Kuchen vor die Brote geschoben werden oder auch nach dem »Ausschießen« der Brote in der Resthitze backen.

Das Hausrezept für den Floarekuche von Tante Erna Punzert und Tante Toni Schäfer finden Sie im Kapitel Back- und Naschwerk auf Seite 163. Die Vielfalt der unterschiedlichen Rezepturen des Floarekuchens lässt sich auch an der Fülle seiner Bezeichnungen ablesen. Je nach Gegend nennt man den Kuchen zum Beispiel auch Schmierchelkuche, Zwiwwlnkuche, Schmandkuche, Kartoffelkuche, Salzekuche, Schmierkuche, Speckkuche ...

Blick auf Watzenborn-Steinberg

Begriffserläuterungen

Abbacken / Ausbacken	Etwas in heißem Fett schwimmend backen.
Ablöschen	Das Angießen von scharf angebratenem oder geschmortem Fleisch oder Gemüse.
Abschmecken	Eine Speise mit den Grundgewürzen Salz, Pfeffer, Zucker usw. nach eigenem Geschmack würzen.
Andünsten / Anschwitzen	Ein Lebensmittel bei geringer Hitze in wenig Fett garen, ggfs. mit Deckel. Das Lebensmittel soll nur glasig werden, z.B. Zwiebeln.
Ausbraten / Auslassen	Den Speck so lange braten, bis das Fett herausgebraten ist.
Blanchieren	Zutaten in einen Topf mit kochendem Wasser geben und kurz köcheln lassen.
Garen / Köcheln	Eine Speise sollte nicht stark kochen. Die Hitzezufuhr muss so gedrosselt werden, dass nur ein leichtes Aufsteigen von Kochblasen zu sehen ist.
Gratinieren	Das Überbacken von Speisen.
Legieren	Ist das Binden und Verfeinern von Gerichten mit Eigelb. Das Ei oder Eigelb wird mit warmer Flüssigkeit vermischt und unter ständigem Rühren in die nicht mehr kochende Speise gegeben.
Karkasse	Aus dem Französischen: Carcasse für Gerippe. Karkasse nennt man das nach dem Tranchieren meist kleinerer Tiere zurückbleibende Knochengerüst samt eventuell anhaftender Fleischreste.
Marinieren	Ist das Einlegen von Lebensmitteln in eine gewürzte Flüssigkeit, um der Speise einen besonderen Geschmack und bessere Haltbarkeit zu verleihen.
Mehlschwitze	Traditionelles Bindemittel von Suppen und Saucen (Fett zerlassen und Mehl einrühren).
Parieren	Fleisch von Fett und Sehnen befreien.
Passieren	Flüssigkeiten durch ein Sieb oder Tuch geben.
Pürieren	Ein gares Lebensmittel wird stark zerkleinert. Früher war hierfür in vielen Haushalten die »Flotte Lotte« ein beliebtes Haushaltsgerät, z.B. um Apfelmus herzustellen.
Reduzieren	Flüssigkeit fast vollständig verkochen lassen (einkochen).
Stocken lassen	Das Garen von Eiern oder Eimasse, bei mäßiger Hitze im Topf oder Wasserbad, ohne dabei das Gargut umzurühren.
Wasserbad	Wird verwendet, um Speisen indirekt mit Hitze zu versorgen. Dabei wird der Topf mit den Speisen in einen anderen Topf mit heißem Wasser auf den Herd gestellt.
Zerlassen	Butter oder Margarine in einer Pfanne oder einem Topf bei mäßiger Hitze schmelzen, aber nicht braun werden lassen.
Zusammenschlagen	Den Teig kräftig nach innen durchkneten, um Luft einzuarbeiten.

Maße und Gewichte

1 gestr. EL Fett	15 g	
1 gestr. EL Mehl	10 g	
1 geh. EL Mehl	15 g	
1 kleine Zwiebel	30 g	
1 mittelgroße Zwiebel	50 g	
1 große Zwiebel	70 g	
1 kleine Kartoffel	70 g	
1 mittelgroße Kartoffel	120 g	
1 große Kartoffel	180 g	
½ kg	500 g	
1 kg	1000 g	

1 Liter	1000 ml / 1000 ccm
¾ Liter	750 ml / 750 ccm
½ Liter	500 ml / 500 ccm
⅜ Liter	375 ml / 375 ccm
¼ Liter	250 ml / 250 ccm
⅛ Liter	125 ml / 125 ccm
1 TL	5 ml
1 EL	15 ml
1 Tasse	150 ml

Abkürzungen

Msp.	Messerspitze
EL	Esslöffel
geh. EL	gehäufter Esslöffel
gestr. EL	gestrichener Esslöffel
TL	Teelöffel
geh. TL	gehäufter Teelöffel
gestr. TL	gestrichener Teelöffel
g	Gramm
kg	Kilogramm
ml	Milliliter
cl	Zentiliter
l	Liter
ccm	Kubikzentimeter
Pck.	Päckchen
°C	Grad Celsius
TK	Tiefkühlkost

LECKERER LAUFSTEG®

DAS KULINARISCHE EVENT RUND UM MODE, SHOPPING & GENUSS!

Besuchen Sie die größte Umkleidekabine Mittelhessens und genießen Sie einen tollen Abend!

Die Abende des Leckeren Laufstegs sind etwas ganz besonderes und liegen uns sehr am Herzen. Die einzigartige Stimmung, die zusammen mit Ihnen, Ihren Freundinnen, dem Shoppen und Schlemmen entsteht, ist großartig!
Seit 2013 waren über 5000 Frauen unsere Gäste und der Laufsteg ist mittlerweile gefragt bis ins Rhein-Main-Gebiet. Der „Mädelsabend" wird durch ein hervorragendes hausgemachtes Antipastibuffet, eine kleine Modenschau, tolle Neuware-Mode nebst Accessoires, Musik und Prosecco bestimmt.
Genießen Sie nach der Modenschau und dem ersten Glas Prosecco das entspannte Stöbern in über 1500 Teilen hochwertiger, aktueller Mode zu tollen Schnäppchenpreisen. Die Größen reichen von 36/38 bis 44/46. Accessoires wie Handtaschen, Tücher und Gürtel runden das Angebot ab. Es darf nach Herzenslust anprobiert, geshoppt und am großen Buffet geschlemmt werden. Gegen 22 Uhr ist die Modeparty zu Ende. EC- oder Barzahlung möglich.

TICKETS ONLINE:
www.leckerer-laufsteg.de

Preis: 22 Euro p.P. inklusive Antipasti-Buffet, Prosecco und alkoholfreien Getränken.

Beginn & Einlass: 19 Uhr, Ende 22 Uhr.

Schlemmerherz
Feinkost & Genussmanufaktur

Schlemmerherz | Rodheimer Str. 88 | 35452 Heuchelheim | Tel. 0641/94846460 | info@schlemmerherz.de

Rezeptregister nach Kapiteln

Grundrezepte

Vegetarische Gemüsebrühe	14
Fleisch- oder Knochenbrühe vom Rind	15
Geflügelbrühe	16
Fischfond/Fischgrundbrühe	18
Braune Grundsauce (Kalbsjus)	19
Nudel- oder Maultaschenteig	20
Rote-Bete-Pulver	21

Vorspeisen und Salate

Panna Cotta von Frankfurter Grüne Sauce mit Tafelspitz	22
Langgönser Ziegenfrischkäsecreme mit Feldsalat in Walnussvinaigrette	23
Tiramisu vom Hüttenberger Handkäs' mit Pumpernickel	24
Lachscarpaccio mit Bärlauchpesto und Forellenkaviar-Schmand	25
Mousse vom weißen und grünen Spargel im Rosmarinschinken-Mantel	26
Hungener »Blaues Wunder« mit rotem Apfelweingelee	28
Bärlauch-Terrine mit Tomatenschaum	30
Blutwurst-Sauerkraut-Strudel auf Rettich-Carpaccio	32
7-Kräuter-Eisspeise mit »Himmel und Erde«, »Land und Meer« und Rotwein-Zartbitterschokolade-Sauce	34
Törtchen von der Petersilienwurzel mit Wildkräutersalat	37
Joghurt-Grüne-Sauce-Mousse mit Wachteleiern und Blattsalaten	38
Bachforellencarpaccio mit Kerbeljoghurt und Bauernbrotchips	39

Suppen und Eintöpfe

Hessische Kartoffelsuppe	40
Suppeneinlagen für Fleisch- oder Geflügelbrühe	41
Weiße Tomatenschaumsuppe mit Bärlauch-Quark-Nocken	44
Schaumsüppchen vom Hokkaido-Kürbis mit gegrilltem Edelkrebs	46
Tomatisierte Fischsuppe mit Knoblauch-Basilikum-Schmand	48
Käsesuppe vom Hungener Äppelwoi-Käse	49

Beilagen

Apfel-Rahmsauerkraut nach Oma Marie	50
Urgroßmutters Apfelrotkohl im Weckglas	51
Karamellisierte Kürbisspalten aus der Pfanne	54
»Kürbis-Fritz« »hessisch-rot-weiß«	55
Petersilienwurzel-Risotto mit Apfelmus und Handkäse	56
Kartoffel-Maronen-Knödel mit brauner Mandelbutter	57
Kartoffelstampf	57
Kürbisrisotto mit karamellisierten Kürbiskernen	58
Soufflé vom Semmelknödel	59
Risotto von heimischem Wiesenbärlauch und Spargel	60
»Gemoangte« – lauwarmer Kartoffel-Kraut-Salat	61

Handgreiflichkeiten – Fingerfood

Mousse vom Räucherlachs mit Sahnemeerrettich	62
Handkäs'-Schmand-Terrine im Glas mit Apfelvinaigrette	63
Hüttenberger Schneegestöber	66

Mini-Ahle-Wurscht-Küchlein 67
Tatar vom Hüttenberger Handkäs'
auf gerösteten Brezelknödelscheiben 68
Hackbällchen von Streuobstwiesen-Pflaumen
mit Walnuss-Röster 70
Ahle-Wurscht-Burger 72

Fischgerichte

Forellen-Maultaschen
in Riesling Sahnesauce 74
Spinatravioli vom Lahnhecht
mit Salbeibutter 76
Gratiniertes Welsfilet
mit Rote Bete und Pastinakenpüree 80
Zanderfilet im Köstritzer-PaleAle-Senfschaum
mit confiertem Spargel und Kirschtomaten 82

Fleischgerichte

Cleeberger Ritterschmaus
(Schmelzkartoffeln) 84
Weckewerk 85
Crépinette vom hessischen Wutzi
mit scharfer Tomatensauce oder:
mittelhessische Körriwurst-Variation 86
Rippchen mit Apfelwein-Sauerkraut................ 89
Königsberger Kartoffelwurst 90
Original Steinberger Bellschou 91
Mittelalterliche Schweinekeule 94
Fensel nach Bauern Art.................................... 96
Ahle-Wurscht-Kuche.. 97
Rinderfilet im Heu pochiert.............................. 98
Kalbsleber mit Pfifferlingen
in Schwarzbiersauce 99

- Alle Produkte rund um die Pute -

- Frisch aus eigener Haltung -

- Unterwegs in über 100 Ortschaften in -
der Wetterau und Oberhessen

- Außerdem finden Sie uns auf Wochenmärkten -
und in unserem Hofladen

Marienhof Putenspezialitäten · 35410 Hungen/Bellersheim
Tel. 06402/50300 · www.marienhof-puten.de

Blutwurst-Cordon Bleu
mit Äpfeln und scharfem Senf 100
Äppelwoi-Hinkelche 102
Mittelalterlicher Festtagskapaun 104
Hähnchen 1854 –
oder Bierdosen-Hähnchen 106
Geschmorte Hungener Lammkeule
in Burgundersauce 110
Lammkeule ... bei Niedrigtemperatur
aus dem Smoker 112
Wildschweinkeule aus der Glut
(für Outdoor-Fans und Puristen) 113
Wildragout mit Kräutern
in würzigem Starkbier-Sud 114
Wildschweinkoteletts
nach römischer Soldatenart 116

Vegetarische Hauptgerichte

Omas Zwetschgenknödel
mit brauner Butter 118
Rote-Bete-Knödel mit Ricotta
und Blauschimmel-Käsesauce 119
Mangoldknödel mit Pfifferlingen 120
Bunte Knödel-Trilogie 121
Bärlauchpuffer mit gebratenen Steinpilzen..... 126
Handkäs'-Flammkuchen
mit Grüner Sauce 128
Geale Schnitte (gelbe Schnitten) –
Arme Ritter.. 129

Zum Streichen und Tunken

Walnusspesto 130
Bärlauchpesto 130
Kürbiskernpesto 131
Pesto von getrockneten Tomaten.................... 131
Basilikum-Cherrytomaten-Ketchup 133
Grüne-Sauce-Kräuterbutter............................. 134
Knoblauch-Schmand-Mayonnaise 135
Quitten-Chutney 136
»Kroner« Jägersauce –
frische Champignonrahmsauce...................... 137
Stoamoarker Zwiwwelnbroi (Zwiebelbrühe) 138
Bratapfelkonfitüre 139
Vanillesauce – schnelle Art.............................. 142
Quotschehoink – Zwetschgenhonig 143

Desserts

Crème Brûlée vom Honigwein (Met) 144
Buttermilchcreme mit Portwein-Erdbeeren 145
Halbgefrorenes vom Bratapfel 146
Crème Brûlée vom Handkäs'
mit Pflaumenkompott 147
Schokoladenwaffeln
mit Heidelbeerparfait und Apfelsabayon 148
Waldblütenhonig-Eis 154
Feigen mit karamellisiertem Speck,
Malzbier und Grießbrei 155
Marinierte Zimtzwetschgen mit weißem
Schokoladeneis und Espressoschaum 156

Back- und Naschwerk

Apfelweinkuchen 158
Hessisch Goardoffenkuche –
hessischer Kartoffelkuchen............................. 159
Oma Hildes Kräppeln....................................... 161
Zillkuche – Zettelkuchen auf Apfelspalten 162
Floarekuche – Schmandkuchen
...wie aus dem Backhaus................................ 163
Wickelkuchen oder Krjenge-Kuche................. 164
Naschwerk zum Knabbern oder Dekorieren... 165

Edition Limosa
die schönsten Seiten Ihrer Region

- Kochbücher
- Regionalbücher
- Fotobücher
- Auftragsarbeiten aller Art:
Kalender, Broschüren,
Werbemittel, usw.

Wir suchen Autoren –
nehmen Sie Kontakt zu uns auf

Edition Limosa GmbH
Lüchower Straße 13a · 29459 Clenze
Tel. (0 58 44) 971 16-0
Fax (0 58 44) 971 16-39
mail@limosa.de · www.limosa.de

Mein Dankeschön …

… gilt allen, die mit ihren Bildern, Rezepten und Texten dazu beigetragen haben, dieses Buch zu gestalten.
Besonders danken möchte ich meiner Familie für die ausgiebige Unterstützung und für das Verständnis für manche Entbehrung in der letzten Zeit.

Ebenso bedanke ich mich bei der sehr engagierten Fotogruppe Hausen um Dietrich Wirk, Bernd Rolshausen, Christa Bohnaus, Gabi und Gerd Jachimsky, Karl Sprenger, Renate Klinkel, Rosemarie und Rudi Müller sowie Winfried Diegelmann.

Weiterhin möchte ich von Herzen »danke« sagen an unsere Nachbarn Edeltraud und Michael Kuhl, an Dr. Claudia Wendt, die Käserei Birkenstock in Hüttenberg, die Imkerei Hund und Bauer in Waldsolms, die Hungener Käsescheune, die Kapaune im GV Jugendfreund in Watzenborn-Steinberg, die Kelterei Abt in Eberstadt, den Kletterwald am Schiffenberg, die Licher Privatbrauerei und Michael Krause, an Familie Weisel vom Eberstädter Maislabyrinth, an Sous-Chefin in Charge Marijan Mahlmann, an Fleischermeister Sven Klingelhöfer, die Wetterfelder Fischzucht mit Frau Dr. Ulrike Lierz und den Kindern, an Gaby und Wolfgang Schäfer sowie Bettina Seipp in Pohlheim, an Jenny Liebig und Monika Bormann, an Küchenchef Michael Amend aus dem Hotel Steinsgarten in Gießen, an Küchenmeister Thomas Kehr vom Köcheverein Gießen-Wetzlar, an Küchenmeister Patrick Schmider in Gießen, an die Vereinigung der Köche Marburgs, an Küchenmeister Nico Groth und Küchenmeister Heinz Anding in Moischt, an Saskia Sonneborn-Stahl vom Schlemmerherz in Heuchelheim, an Daniela Pfaff in Wermertshausen, an Alexandra Gottwals und Sabine Klehn in Pohlheim.

Darüber hinaus danke ich ganz herzlich Frau Landrätin Anita Schneider, Frau Bader und Herrn Dr. Felske-Zech vom Landkreis Gießen; der Gießener Oberbürgermeisterin Frau Dietlind Grabe-Bolz und Frau Baaser von der Stadt Gießen, der Gießener Marketing GmbH mit Silja Papenguth und Herrn Dr. Brake vom Stadtarchiv Gießen, ohne deren Engagement dieses Buch nicht so hätte erscheinen können.

Und natürlich gilt mein besonderer Dank auch dem Verlag Edition Limosa in Clenze für die hervorragende Begleitung.

Andreas Buß

Bildquellennachweis

Umschlag vorne: v.o. Rosemarie+Rudi Müller, Hungener Käsescheune
Umschlag hinten: v.l. Bernd Rolshausen, Gießen Marketing GmbH, Christa Bohnaus, Gießen Marketing GmbH

Seite 3: Edition Limosa GmbH; 4: Gießen Marketing GmbH; 6: Andreas Buß; 7: Landkreis Gießen; 8: Universitätsstadt Gießen; 9: Christa Bohnaus; 10: Christa Bohnaus; 11: Dietrich Wirk; 12: Bernd Rolshausen; 13: Christa Bohnaus; 17: Familie Buß; 18: Bernd Rolshausen; 19: Familie Buß; 20: Familie Buß; 21: v.l. Familie Buß, Christa Bohnaus (2); 22: v.l. Bernd Rolshausen, Rosemarie+Rudi Müller; 24: v.l. Familie Buß, Bernd Rolshausen; 25: alle Bernd Rolshausen; 26: alle Gießen Marketing GmbH; 27: Gießen Marketing GmbH; 28: alle Hungener Käsescheune; 29: Bernd Rolshausen; 30: Bernd Rolshausen; 31: Bernd Rolshausen; 32: v.l. Marijan Mahlmann, Gießen Marketing GmbH (2); 33: alle Gießen Marketing GmbH; 34: v.l. Marijan Mahlmann, Michael Kuhl; 35: v.l. Christa Bohnaus (2), Bernd Rolshausen; 36: Rosemarie+Rudi Müller; 37: alle Rosemarie+Rudi Müller; 39: v.l. Rosemarie+Rudi Müller, Bernd Rolshausen, Rosemarie+Rudi Müller; 40: v.l. Gießen Marketing GmbH, Gabi Jachimsky, Gießen Marketing GmbH; 43: v.l. Stadtarchiv Gießen, Winfried Diegelmann, Gießen Marketing GmbH; 44: v.l. Gießen Marketing GmbH, Winfried Diegelmann; 45: alle Gießen Marketing GmbH; 46: Familie Buß; 47: v.l. Gabi Jachimsky, Karl A. Sprenger, Bernd Rolshausen; 49: Hungener Käsescheune; 50: Bernd Rolshausen; 53: Familie Buß; 54: v.l. Familie Buß, Gabi Jachimsky; 55: alle Rosemarie+Rudi Müller; 56: alle Bernd Rolshausen; 58: v.l. Familie Buß, Gerd Jachimsky, Dietrich Wirk; 59: v.l. Christa Bohnaus, Karl A. Sprenger; 60: v.l. Gabi Jachimsky, Dietrich Wirk (2); 61: v.l. Forest Adventures Deutschland GmbH, Bernd Rolshausen, Manfred Henß; 62: alle Gießen Marketing GmbH; 63: Hungener Käsescheune; 64: alle Hungener Käsescheune; 65: alle Hungener Käsescheune; 66: v.l. Hungener Käsescheune (2), Christa Bohnaus; 67: v.l. Christa Bohnaus, Renate Klinkel, Christa Bohnaus; 68: v.l. Christa Bohnaus, Gießen Marketing GmbH; 69: alle Karl A. Sprenger; 70: Rosemarie+Rudi Müller; 71: Christa Bohnaus; 72: Gerd Jachimsky; 73: alle Licher Privatbrauerei; 74: Renate Klinkel; 75: alle Renate Klinkel; 76: Winfried Diegelmann; 77: Bernd Rolshausen; 79: »Die Kapaune«; 80: alle Dr. Ulrike Lierz; 81: v.l. Renate Klinkel, Rosemarie+Rudi Müller (2); 82: Gießen Marketing GmbH; 84: alle Bernd Rolshausen; 85: v.l. Michael Kuhl, Bernd Rolshausen, Michael Kuhl; 87: Sven Klingelhöfer; 89: v.l. Karl A. Sprenger, Gießen Marketing GmbH, Dietrich Wirk; 90: v.l. Gießen Marketing GmbH, Sven Klingelhöfer, Gabi Jachimsky; 92: Dietrich Wirk; 93: alle Familie Buß; 94: alle Familie Buß; 95: Familie Buß; 96: alle Gießen Marketing GmbH; 97: v.l. Gießen Marketing GmbH (2), Karl A. Sprenger; 98: v.l. Bernd Rolshausen, Dietrich Wirk; 99: v.l. Christa Bohnaus, Familie Buß, Licher Privatbrauerei; 100: Christa Bohnaus; 101: Renate Klinkel; 102: Winfried Diegelmann; 103: alle Renate Klinkel; 104: Karl A. Sprenger; 105: alle Karl A. Sprenger; 106: Licher Privatbrauerei; 107: alle Licher Privatbrauerei; 109: v.l. »Die Kapaune«, Familie Buß; 110: alle Michael Kuhl; 111: Bernd Rolshausen; 112: Rosemarie+Rudi Müller; 113: Bernd Rolshausen; 114: v.l. Michael Kuhl, Rosemarie+Rudi Müller; 115: Michael Kuhl; 116: v.l. Familie Buß, Michael Kuhl; 117: alle Karl A. Sprenger; 118: v.l. Bernd Rolshausen (2), Rosemarie+Rudi Müller; 120: v.l. Familie Buß, Gabi Jachimsky; 121: Familie Buß; 122: Gießen Marketing GmbH; 123: Gießen Marketing GmbH; 124: alle Gießen Marketing GmbH; 125: Gießen Marketing GmbH; 126: Familie Buß; 127: alle Renate Klinkel; 128: Familie Buß; 129: v.l. Karl A. Sprenger, Bernd Rolshausen; 130: Familie Buß; 131: v.o. Gabi Jachimsky, Edition Limosa GmbH; 132: Gießen Marketing GmbH; 133: Familie Buß; 134: Karl A. Sprenger; 135: Karl A. Sprenger; 136: Christa Bohnaus; 137: Familie Buß; 138: Renate Klinkel; 140: Kelterei Abt; 141: Kelterei Abt; 142: Bernd Rolshausen; 143: Michael Kuhl; 144: Christa Bohnaus; 145: alle Gießen Marketing GmbH; 146: v.l. Gabi Jachimsky, Renate Klinkel (2); 148: Rosemarie+Rudi Müller; 149: alle Bernd Rolshausen; 150: alle Stadtarchiv Gießen; 151: alle Stadtarchiv Gießen; 152: alle Stadtarchiv Gießen; 153: alle Stadtarchiv Gießen; 154: oben alle Bioland-Imkerei Hund & Bauer, u.v.l. Karl A. Sprenger, Dietrich Wirk, Gießen Marketing GmbH; 155: v.l. Karl A. Sprenger, Dietrich Wirk, Karl A. Sprenger; 156: Rosemarie+Rudi Müller; 157: Bernd Rolshausen; 158: Kelterei Abt; 159: alle Familie Buß; 160: v.l. Michael Kuhl, Stadtarchiv Gießen, Karl A. Sprenger; 161: v.l. Familie Buß, Bernd Rolshausen, Familie Buß; 162: v.l. Christa Bohnaus, Rosemarie+Rudi Müller (2); 165: alle Dietrich Wirk; 166: alle Renate Klinkel; 167: alle Renate Klinkel; 168: Familie Buß; 169: Dietrich Wirk; 175: v.o. Gießen Marketing GmbH, Bernd Rolshausen, Dietrich Wirk, Christa Bohnaus, Karl A. Sprenger, Michael Kuhl, Gabi Jachimsky, Renate Klinkel, Winfried Diegelmann, Rosemarie+Rudi Müller